スターリン秘史

巨悪の成立と展開

転換・ヒトラーとの同盟へ

2

不破哲三

新日本出版社

スターリン秘史——巨悪の成立と展開
第2巻　転換・ヒトラーとの同盟へ

目次

第六章　巨悪への画期。変質の理論面での特徴

一、変質の過程をたどる

レーニンの警告まで

スターリンも、革命運動に参加した最初から専制主義と覇権主義をめざす巨悪であったわけではありません。

生まれたのは、一八七九年一二月、グルジアのゴリ市ででした。一八九八年、グルジアの社会民主主義組織に入り、一九〇四年には、ボリシェビキのカフカズ地方組織で活動をはじめました。

レーニンの文章にスターリンが面識のある同志として最初に登場するのは、一九一三年二月後半、ゴーリキーへの手紙のなかでです。

「民族主義については、この問題にもっと真剣に取りくまなければならないというご意見にまったく賛成です。われわれの仲間にすばらしい一グルジア人が、オーストリアその他のすべての資料をあつめて、『プロスヴェシチェーニエ（啓蒙）』［ボリシェビキの雑誌］のために、長いあいだかかりきりで大論文を書いています」（全集㉟八〇ページ）。

この「一グルジア人」がスターリンで、「大論文」とは『プロスヴェシチェーニエ』一九一三年第三〜第五号に連載した「民族問題と社会民主党」でした（翌年、単行本にする際に「民族問題とマルクス主義」と改題）。当時、スターリンは、一九一二年一月の全党協議会（プラハ協議会）で中央委員に選出され（会議の時には流刑中）、流刑地から脱走を二度繰り返した後、四月からペテルブルクでボリシェビキの日刊紙「プラウダ」の編集部に参加していたところでした。

スターリンは、この時期のレーニンとの関係の密接さを強調しますが、レーニンの方はそうは受け取っていなかったようです。

世界大戦中の一九一五年一一月、ボリシェビキの古い党活動家カルピンスキー［★］にあてた手紙のなかで、「『コバ』の姓を（ステプコかミハか、その他の人に）聞いてくれたまえ（ヨシフ・ジュ……??　忘れてしまった）」という問い合わせの手紙を出しています。「コバ」とはスターリンのことで、何か彼の名前を書く必要があったのでしょうが、思い出せず、この問い合わせとなったのだと思います。スターリンは、一九一三年二月に逮捕され、当時はシベリアに流刑中でした。スターリン全集の年譜によると、この年、流刑地からレーニンあてに二度手紙を出したとありますから、レーニンが返事の手紙を書こうとしたのかもしれません。いずれにしても、レーニンとスターリンの当時の関係のありのままを推察させるエピソードです（この手紙は、スターリンの生存中にはレーニンの全集に収録されませんでした。日本語版全集四九巻に収録)。

★ **カルピンスキー** 古い党活動家。第一次世界大戦中、ジュネーブで党中央機関紙「ソツィアル―デモクラート」の編集・印刷にあたっていました。

十月革命後、民族問題に詳しいというので、ソビエト政府の民族問題担当の人民委員となり、内戦中は、その軍事能力を評価されてあちこちの戦線に出動します。一九一九年の第八回党大会で新たに設けられた政治局の一員に選ばれ、一九二二年四月の第一一回党大会で、おそらく実務的能力を買われてのことでしょう、モロトフに代わって書記局の責任者に任命されます。この時、書記局の責任者の名称が「専任書記」から「書記長」に変えられましたが、ロシア共産党(ボ)の中央組織で「長」と名のつく部署が設けられたのは、これが初めてでした。なお、その時の書記局メンバーは、スターリンのほかはモロトフとクイビシエフの二人だけでした。

そして、一九二二年一〇月、レーニンはスターリンの連邦結成計画にふれて、そこに大ロシア中心主義の偏向が露骨に表われていることに驚き[★]、大ロシア排外主義との断固とした闘争を宣言したこと、同時にスターリンがわずか一年余りの期間に「書記長」の地位を利用して自分の手に党運営の大きな権限を集中したことが、この大国主義的プラン作成の背景にあることに気づき、来るべき党大会にたいしてそのことへの重大な警告を発したことは、すでに第四章(第一巻、一八六～一九六ページ)で説明したところです。

★ **レーニンの驚き**　レーニンが民族問題にたいするスターリンの立場を、それまで信頼しきっていたことは、第一一回党大会（一九二二年三月）で、プレオブラジェンスキー［＊］が、スターリンが民族問題人民委員と労農監督人民委員の二つの職務を兼任していることに文句をつけたとき、レーニンが政治報告の結語で、次のようなスターリン弁護論を展開していたことからもわかります。

「いったいわれわれのうちで、この罪をおかしていないものがいるだろうか？　いちどきにいくつかの義務をひきうけなかったものがいるだろうか？　それに、これ以外にどうしようがあるというのか？　民族人民委員部の現状を確保するために、あらゆるトゥルケスタン問題、カフカーズ問題、その他の問題を処理するために、われわれはいまなにをやれるであろうか？　これらはすべて政治問題ではないだろうか！　だが、これらの問題を解決することは必要である。それは、ヨーロッパ諸国が何百年も取りくんできた問題であり、そのごくわずかな部分が民主的共和国で解決されたにすぎない問題である。われわれはそれらを解決しつつある。そして、諸民族のどんな代表でもその人のところへやってきて、問題がどこにあるかをくわしくかたることができるような人物が、われわれのあいだにいることが必要である。そういう人物をどこに探しもとめたらよいのか？　プレオブラジェンスキーといえども、同志スターリン以外に候補者を指名することはできないであろうと、私は考える」（全集㉝三二一～三二三ページ）。

＊ **プレオブラジェンスキー**　経済学者。古くからの党員。一九二〇年に党中央委員および書記局員。

そのレーニンが、この発言から一年もたたない時に、スターリンが民族問題の解決にもっとも適さない、最悪の大ロシア排外主義者であることを知ったのですから、その驚きの大きさは想像にあまりあります。

しかし、この時点でも、レーニンは、スターリンが社会主義とも革命とも無縁な立場に変質しているとまでは評価せず、スターリンの大国主義と「粗暴な」権力主義が放任されればわれわれの事業の将来を誤る重大な危険となることを、党大会およびスターリン当人に警告しながら、そのことの反省を前提に、スターリンをなお、レーニン死後の党指導部を構成しうる候補者の一人としてあげたのでした。しかし、当時の共産党指導部に、レーニンの批判と警告を正面から真剣に受け取った者が一人もいなかったことは、すでにのべたとおりです（第一巻一九六〜一九七ページ）。

「農業集団化」は変質の大きな一歩

レーニンの死からジノビエフ＝トロツキー反対派との闘争を含む第一五回党大会までの時期に、スターリンの手への権力の集中とその乱用はいよいよ目立つようになりましたが、ともかくこの時期の闘争は、社会主義をめざす道の選択を問うという政治的性格を強く帯びていましたし、ソ連社会の状態も、レーニンが遺訓とした「新経済政策」がまもられていたために、大局的には安定した性格を保っていました。

この状態を破って、スターリンが専制主義への変質の大きな一歩を踏み出したのは、一九二八年にはじまる「農業集団化」の大変動でした。これまでも、この問題については、部分的には何回か触れてきましたが、ここで少し問題点をまとめて解説しておきたいと思います。

レーニンが、一九二一年、「新経済政策」によって市場経済の導入への大転換を決断した主要な動機は、ロシアの人口の圧倒的部分を占める農民との関係にありました。

〝農業の社会主義化の合理的な道は農民経営の協同組合化、すなわち集団化以外にないが、そこでは国家権力の上からの強権的な介入による集団化は絶対に許されない。農民の自発性と合意によることが集団化の原則だ〟、というのは、マルクス、エンゲルスが一八七〇年代に到達した科学的社会主義の農業政策の到達点でした。レーニンも、そのことの重要性を繰り返し強調しました。

集団化の効用は、何よりも機械化を伴う大規模経営にありますから、農民の利益を尊重し、農業の社会主義化を納得ずくで進めるためには、社会主義の国家が農村にトラクターなどの農業機械を十分に供給できるだけの工業力をもたなければなりません。しかし、国内戦から脱け出して平和建設に移ったばかりのソ連にはそんな余裕はありません。そこから、市場経済を復活させて、社会主義的な計画経済の部門と農民の私的経済部門とのあいだを市場経済で結びつけ、農民との関係の安定的な発展をはかろうという構想が生まれ、それが、労働者階級と農民との同盟にかかわる戦略的な展望として、「新経済政策」の根底におかれたのでした。農業の集団化は、部分的にはその途上でもありうることですが、農業全体がその道に進むまでには、当然、相当な時間が必要です。レーニンが最後に執筆した論文の一つ、「量はすくなくても、質のよいものを」（一九二三年三月、全集㉝）でロシア社会主義の前途を論じたなかには、こういう問題が含まれていました。

市場経済を通じての農民との関係というのは、ごく大筋でいうと、（イ）農民が生産する余剰穀物の一部は「食糧税」として国家が徴収する、（ロ）国が必要とするそれ以上の余剰穀物は、市場で国家が購入する、（ハ）この二つの方法で国家の手に入った穀物で、国の需要と都市や非農業部門の需要をまかなう、という三つの柱で組み立てられます。

「農業集団化」への契機となった一九二七年末の穀物危機は、秋の収穫期に、需給関係の変動から従来の価格では市場で穀物を購入できなくなったという、（ロ）の部分の困難から起こった問題でした。スターリンは、これを経済的な手段でなく、国家の強制力で解決すべきだとして、農民の余剰穀物の強制徴収という非常手段に訴えました。しかし、強行措置でこの年の危機を一時的に解決したとしても、翌年の収穫期には当然、同じような危機にぶつかります。

スターリンは、この時、危機を恒常的に解決する手段として、「農業の集団化」を提唱したのです。「集団化」すれば、コルホーズなどの社会組織が穀物の生産・管理の主体となりますから、国家権力で必要なだけの穀物を徴収できるという発想でした。はっきりいえば、スターリンのいう集団経営のコルホーズとは、農民が生産する穀物の強制的な徴収のための組織であって、生産の発展のための組織形態として考えられたものではないのです。もちろん、全国に誕生した多数のコルホーズに大規模経営に必要なトラクターや農業機械を提供する用意などは、どこにも準備されていませんでした。
しかし、これに反対する農民は、すべて「クラーク（富農）」あるいは反革命分子と認定され、逮捕されたり、家族ぐるみで追放されたりしました。この時、だれが逮捕・追放すべき農民かを判定するために、第四章（第一巻二二三ページ）で紹介した「トロイカ」が全国で猛威をふるい、少なく見積もっても一千万を超える農民が「富農」と認定されて断罪されたのでした。

「農業集団化」の現実――二人の指導者の証言

「農業集団化」がどのようにして実行され、農民に何をもたらしたか。二人の人物の証言を聞きましょう。

ゴルバチョフの証言　ソ連共産党の最後の書記長ゴルバチョフの証言です。彼は、在職当時は、スターリンの官僚主義その他を批判しながらも、「農業集団化」については賛美の言葉を惜しまなかったものですが、ソ連共産党の解散とともにその職を離れて五年後、一九九六年に刊行した『ゴルバチョフ回想録』（上下二巻　新潮社　一九九六年）では、自分の故郷、カフカズ地方のスタヴロポリの農村での幼年時代の経験として、「集団化」のもとでの農村の実情を、次のように語っています。これは自画自賛の政治談議の多いこの大著のなかで、リアリティの感じられる唯一の文章だと思います。
「一九三三年スタヴロポリ道を飢饉が襲った。歴史家は今もなお、この飢饉の原因について論争を続けている。農民層を最終的につぶすためにわざと飢饉を作り出したのではないかという意見もある。そうではなく天候が主たる要因だったのか。他の地域についてはわからないが、スタヴロポリに旱魃《かんばつ》があったことは私も知っている。しかし、それだけではなかったのも事実だ。巨大な集団化が、何百年にもわたって積み重ねられた従来の生活基盤を根底から覆し、それまで慣れ親しんできた農業経営と農村での生活形態を突き崩した。私の見るところでは、これが最大の要因だった。もちろんこれに旱魃が加わった。二つが相乗的に影響し合ったのだ。

恐ろしいほどの飢饉だった。プリヴォリノエ村では半分とまではいかなかったが、少なくとも三分の一の村民が餓死した。家族が全滅した家もあった。戦争が始まるまで長い間、村にはお化け屋敷同然に半壊した無人の農家が寂しくそこかしこにあった。

アンドレイじいさん［ゴルバチョフの父方の祖父で、コルホーズにくわわらなかった個人農――引用者］のところでも三人のこどもを亡くした。じいさん自身は一九三四年の春、播種《はしゅ》計画を遂行しなかったとして逮捕された。政権は個人農に対しこうした計画を押し付けていた。しかし、播《ま》く種がない以上、計画遂行はどだい無理だった。アンドレイじいさんは〝怠業者〟としてイルクーツク州の森林伐採地へ強制労働のため送られた。ステパンカばあさんはアナスタシヤ、アレクサンドラの二人のこどもと村に残った。私の父は一族の面倒を一手に引き受けることになった。というのも、女だけで生計をたてるのはとても無理だったからだ」（上巻五八ページ）。

こういう現実を経験していながら、書記長時代に、「集団化」の偉大な歴史的意義などについて、よくも語れたものだと思います。

スターリンの証言　次は、「集団化」を強行した張本人、スターリン自身の回想です。第二次世界大戦中の一九四二年八月、イギリスのチャーチル首相が、モスクワでの最初の首脳会談の席で、スターリンが「農業集団化」について語った話を、その『回顧録』に記録しているのです。

「『どうです』と私はたずねた――『この戦争のストレスは、あなた個人にとって、集団農場政策を遂行した時ほど、ひどいものでしたか。』

この問題は即座にスターリンを奮起させた。

『いや、とんでもない。集団農場政策はものすごい闘争でした。』

『そうだろうと思いましたよ。相手にされたのが何万かの貴族や大地主でなく、何百万人かの貧しい人々なのですから。』

『千万人ですよ。』とスターリンは両手をあげた。『全く恐ろしいことでした。四年間かかりました。定期的な飢饉を避けるため、土地をトラクターで耕すことがロシアにとっては絶対に必要だったのです。われわれは農業を機械化しなければなりません。百姓にトラクターを与えると、二、三カ月で全部駄目にしてしまうのでした。トラクターを扱うことの出来るのは修理工場のある集団農場だけです。われわれはこの上もない大面倒をして、これを百姓に説明しました。議論をしても無駄です。一から十まで説明すると、百姓は家へ帰って女房と相談しなくてはならず、牧者と相談せねばならぬというのです。』最後の言葉は、私にとっては、この問題についての新しい言いまわしだった。

『その人たちと話し合ったあげく、必ず集団農場はいやだ、トラクターなしで働く、と答えるのです。』

『あなたがクラーク〔富農〕と呼ばれるのは、そんな人たちですか。』

『そうです』とスターリンは言ったが、この言葉を繰り返しはしなかった。しばらくして『非常に具合が悪く困難でしたが――必要でした。』

『何が起こりましたか』と私は聞いた。

『そうですね。われわれと同意した者も多数いました。トムスク地方、イルクーック地方、それからもっと北の方で、耕作する自分自身の土地を与えられた者もいますが、その大多数はひどく不人気で彼らの労働者たちから一掃されてしまいました。』

相当長い無言が続いた。そこで、『われわれは食糧の供給を大いに増強したばかりでなく、穀物の質も比較にならぬ程改善しました。前にはあらゆる種類の穀物を栽培したもので……。今ではわが国の隅から隅まで、ただ標準ソ連種だけが蒔《ま》かれます。それ以外を蒔く者は、厳重に処罰されるのです。これがまた食物供給を、大いに増加しています。』

私は思い出のままを書きしるし、その瞬間に私が感じた、何百万の男女が抹殺され、或いは永久に移動させられる、非常に強い印象を記録するのである」（チャーチル『第二次大戦回顧録』⑮一三五～一三七ページ　毎日新聞社　一九五三年　訳文を若干訂正しました）。

農業機械の用意なしに穀物徴収の便宜のために強行した「集団化」を、ありがたいトラクターを農民に与えるための方策だったとは、まことにいい加減な弁明ですが、これが一千万農民との戦争であり、追放された「クラーク」とは「集団化」に同意しない農民たちだったことを、スターリン自身、告白せざるをえなかったのでした。

このように、「農業集団化」は、国家の強力をもってそれを強行した手段・方法においても、それがソ連社会の根底をなす広大な農村にもたらした悲惨な結果から言っても、「トロイカ」方式や強制収容所というソ連社会の暗黒の部門をうみだす最初の大変動となった点でも、スターリンが、社会主義とは無縁な専制主義への道を踏み進む大きな一歩であったことは間違いありません。

しかし、この暴挙にしても、その悪質さと残虐さは、三五年以後の「大テロル」と比較すれば、まだ程度の軽いものに見えてきます。「大テロル」の時代こそは、スターリンが専制主義と覇権主義の巨悪に変貌する決定的な時期を画したのでした［★］。

★**「農業集団化」の実証的研究**　「農業集団化」については、渓内《たにうち》謙《ゆずる》『スターリン政治体制の成立』全四巻（岩波書店　第一部・一九七〇年、第二部・一九七二年、第三部・一九八〇年、第四部・一九八六年）が、非常に価値の大きい実証的研究だと思います。この研究の特徴は、ソ連で公表されている文献資料、とくに全国各地の文献資料を徹底的に研究して、それによって、「農業集団化」のスターリン的な本質を、だれも否定するわけにゆかない詳細な資料的裏付けをもって明らかにするとともに、それがその後の「ソ連の政治体制の原理的転換」の基盤となってゆくことを示した点にありました。著者没年の二〇〇四年刊行の遺著『上からの革命』（岩波書店）では、上記の研究に加えて、ソ連崩壊後に出てきた諸資料も利用されています。

二、「大テロル」――決定的な変質

スターリンは「巨悪」への変貌をとげた

「大テロル」におけるスターリンは、「農業集団化」の時期とはさらに隔絶した、陰惨で残虐な姿に変貌しています。当面は、自分の絶対専制の指導体制を、党と国家、さらに国際的な運動体のなかに確立することを最大の目的にして、それはやがて自分が支配するソ連国家の領土と勢力圏の拡大を求める覇権主義の野望と不可分に結びついてゆくのですが、その邪悪な目的のために、社会主義と革命の事業で志をともにしてきた数十万あるいは百万を超える同志たちに無実の罪をなすりつけてこれを殺戮《さつりく》し、さらには野望の障害になる可能性があるとなれば、一国の共産党さえをもあえて根絶やしにする。これは、社会主義・共産主義と革命の精神がひとかけらでも心に残っているものであったら、絶対にやりえない残虐な蛮行でした。ここでは、スターリンは、文字通りの専制主義と覇権主義の「巨悪」への変貌をとげています。

私は、このことをきっぱりと確認することは、スターリンの政策と行動をたどるうえで、きわめて重要だと考えています。

こうして変貌をとげたスターリンにとっては、自分の政策や行動が、科学的社会主義の原則や理論にかなっているかどうかはもちろん問題にならないし、そこには、まもるべきなんらの政治的・道徳的基準もありませんでした。「目的のためには手段をえらばず」という言葉が、スターリンの政策と行動の唯一最大の原則となったと言っても、決して言いすぎではないでしょう。

理論面での変質の特徴

スターリンが「大テロル」でおこなった蛮行は、その内容ではヒトラー・ファシズムのその時点での蛮行をさえ上回るものでした。しかし、ヒトラーとの決定的な違いは、その蛮行を最後まで社会主義・共産主義の事業の名で正当化しつづけたことです。ソ連が社会主義の国家を称し、スターリンが世界の共産主義運動に影響力、指導力を行使するには、それが決定的な条件となったからです。

この段階で、政策と行動におけるスターリンの変貌は、理論面での変質をともない、スターリンにとって、理論は、人類が客観的真理を探究する手段ではなく、専制主義、覇権主義の政策と行動に奉仕する道具となりました。

その典型としてまずあげられるのは、「大テロル」の本格的な展開を前にした一九三七年二月〜三月の中央委員会総会での報告「党活動の欠陥とトロツキスト的およびその他の二心者を根絶する方策について」でしょう。この報告は、一連のモスクワ裁判で告発され、また告発されようとしている「反革命陰謀」集団の存在について、それが生まれた根拠を解明し、党がそれに気づかずかれらの活動を許したことを「党活動の欠陥」として糾弾し、その克服を求めたものです。

ところが、その「反革命陰謀」なるものが、スターリンが自分でつくりあげた架空の「陰謀」だったのですから、その根拠の解明のためにもちだした「資本主義的包囲」の危険性の理論も、「社会主義が成功を収めれば収めるほど、階級闘争が激化する」という理論も、すべて、自分がでっちあげた偽りの告発を正当化するために、でっちあげた「理論」でした。この理論をスターリン自身が信じていなかったことは、スターリン自身が、この報告の一年六カ月後に、ソ連を「資本主義的に包囲」する諸国のなかでもっとも危険で凶悪な敵と位置づけたヒトラー・ドイツともっとも緊密な政治同盟を結んだことからも明らかです。

スターリンは、「反革命派」なるものを批判する言葉として、この報告のなかでも「二枚舌使い」という言葉をしばしば使っていますが、この報告こそ、その全体が「二枚舌使い」の論理で貫かれていたのです。

その後も、たとえば、一九三九年以後は、国際政治のうえで覇権主義的な行動が繰り返されますが、そういう時に、ソ連当局者がもちだす議論は、すべて、真実をおおい隠したうえで、偽りの口実で自分の無法な行動を正当化しようとする論だてで貫かれます。このことは、その時々、問題に応じて吟味してゆくことになります。私がここで強調したいのは、こうして、この種の「二枚舌使い」が、スターリンの言動の本質的な特徴となり、それが後継者たちにも受け継がれて、ソ連覇権主義の理論的伝統ともなっていったということです。

さらに、一般的な理論の領域では、理論の道具化は、マルクス、エンゲルス、レーニンの理論のスターリン的修正となって現われました。

一九二〇年代の反対派との闘争の時期には、スターリンの主張した論点にはさまざまな誤りや問題点が含まれていたとはいえ、論争の基本姿勢としては、まだ、科学的社会主義の正統な立場はどこにあるかを、論敵と争うという姿勢がありました。とくに彼は、レーニンの文献については、反対派の論敵以上に研究していましたから、その蓄積も生かして彼なりの論争を展開したものでした。

こういう状況も、三〇年代以後には、大きく変わってきます。

私は、党本部でおこなった「古典教室」の二〇一二年二月の最後の講義で、スターリンが「マルクス・レーニン主義」の名のもとに提唱したものは、「マルクス、エンゲルス以来の科学的社会主義の理論を自分の都合のいいようにつくりかえた、〝似て非なる理論体系〟」だったことを指摘し、その主な特徴をあげました（「マルクス、エンゲルス以後の理論史」、『古典教室』第3巻所収）。詳しくは、そこを見ていただくとありがたいのですが、ここでは、その諸特徴を、簡単にもう一度見ておくことにします。

（一）**世界観**。唯物論、弁証法、史的唯物論を柱とする科学的社会主義の世界観については、スターリンは、彼が自ら執筆したとするダイジェスト版「弁証法的唯物論と史的唯物論」を、「大テロル」終結の時期に発表しました（次節で取り上げる『ソ連共産党（ボ）小史』の一節として）。これによって、スターリンは、科学的社会主義の世界観の最高権威として、まつりあげられることになります。

（二）**経済学**。この分野では、スターリンは、『資本論』と『帝国主義論』の現代版と称して「資本主義の全般的危機」論をもちだし、〝ソ連がますます発展するのに応じて、資本主義の危機がますます深まり、衰退してゆく〟、ここに現代世界の発展法則があるとしました。これは、『資本論』と『帝国主義論』などの意義ある先人の所産を、スターリン理論をもって事実上おきかえてしまうことでした。

（三）**社会主義論**。ここでは、ソ連社会の現在と未来こそ、社会主義・共産主義のモデルだと位置づけて、マルクスの学説そのものは蔵にしまいこまれました。そればかりか、過渡期の理論などは、スターリンの都合にあわせて勝手につくりかえられました。

（四）**革命論**。スターリンは、ソ連共産党の歴史に革命論の真髄が凝縮化されているとして、議会のない条件のもとにたたかわれたロシア革命の経験を絶対化し、多数者革命論などマルクス、エンゲルスの豊かな遺産を葬り去りました。

三、『ソ連共産党（ボ）小史』の発行

スターリンは、一九三八年九月、「大テロル」の終結とほぼ時を同じくして、『ソ連共産党（ボ）小史』を発表しました（「プラウダ」九月九日、一〇日付に全文掲載）。これは、「大テロル」の嵐のなかで大きな激動をうけたソ連共産党と世界各国の共産党を、スターリンの進める路線のもとに結集するイデオロギー的な武器として、「大テロル」の期間中に準備してきたものでした。

ディミトロフは、医療休暇でカフカズに来たばかりでしたが、九月一一日の『日記』に「スターリンがその作成と最終稿にかかわったこの教科書の学習に全党が動員された」と書いています。

一一月一四日には、出版された『党史』をもって、「党の宣伝工作をいかにおこなうか」についての党中央委員会の詳細な決議が発表され、続いてコミンテルンの方面では、「コミンテルンの各支部内での『ソ連共産党（ボ）小史』の頒布研究とマルクス・レーニン主義の宣伝について」と題するフランス、イギリス、アメリカ、ドイツ、イタリアの五カ国共産党の共同声明が発表されました。コミンテルンの機関ではなく、なぜこの五カ国の党が各国共産党への呼びかけを発したかの事情は不明で

すが、党内での徹底した学習と党外の人々への宣伝活動が、資本主義諸国のすべての共産党の緊急の義務であることが、こういう形で宣言されたのです。

第五章で紹介したチトーの回想のところで述べたように（第一巻二九三ページ）、コミンテルンで働いていた各国の活動家は、みなこの『小史』の自国語への翻訳に動員されました。

モスクワ裁判の虚構のシナリオ全体を党史に組み込む

『小史』の発行は、科学的社会主義の理論のスターリン的な修正のうえで、長期にわたって重要な役割を果たしました。とくに重要な点を挙げれば、次の通りです。

第一は、『小史』が、スターリンが強行した「大テロル」の正当化のために、ソ連共産党の歴史全体を書き換えたことです。

『小史』は四つのモスクワ裁判（①ジノビエフ派、②トロツキスト＝ジノビエフの「合同センター」、③ピャタコフ、ラデック、④ブハーリンを中心とする「右翼反対派」。第一巻二〇九～二一五ページ参照）にもちだされた「反革命陰謀」の虚構のシナリオを、すべて真正の歴史的事実として、党史のなかに組み込みました。だから、『小史』を読む者は、いやおうなしに、モスクワ裁判の内容を〝真実の〟歴史として頭のなかにたたきこまれることになります。

それは、ソ連共産党の闘争の輝かしい歴史そのものを、ひどくゆがめることになりました。まず、革命の指導者の大部分が反革命分子だったことになりました。一体、党の中央委員会の半数を反革命分子が占めているような党が、どうしてさまざまな危機を乗り切り、十月革命に勝利することができたのでしょうか?　またレーニンは、そういう分子に取り込まれていながら、そのことに気づかない、警戒心にかけた指導者だった、ということになります。一九一八年の時、ブハーリンに暗殺されかかりながら、その気配も感じないで、ブハーリンを重用していたのですから。さらに、レーニンは、「大会への手紙」で幹部の資質を点検しました。そこでレーニンが、名前をあげた六人の幹部は、スターリン以外はすべて、十年もたたないうちに、外国と通謀してソ連の転覆をたくらむ反革命陰謀の中心人物だったとされました。これらの幹部と長く付き合いながら、レーニンがだまされっぱなしだったとしたら、そういう人物が、どうしてボリシェビキ党を指導して革命を勝利にみちびくことができたのでしょうか?

こうしてスターリンは、モスクワ裁判の立場で党史を書き換えることによって、ソ連共産党とレーニンの闘争の「歴史」そのものにぬぐい難い汚点としてなすりつけてしまったのです。

歴史を偽造してスターリンを十月革命の指導者に

『小史』の第二の大きな問題点は、スターリンを引きたてるために、革命の歴史を偽造し、レーニンとともにスターリンがロシア革命を勝利させたという「スターリン神話」をつくりだしたことです。

（一）**レーニンの最後の闘争の抹殺**。ソ連共産党の歴史で、もっとも重大な出来事の一つは、レーニンの最後の時期における、スターリンの大国主義的偏向に反対し、その権力乱用を阻止するための闘争でした。『小史』は、この重大な党史の一局面を完全に抹殺しました。

（二）**党創立の時期の変更**。さらに、『小史』が、ボリシェビキ党の創立の時期を変更したのは、党史上のスターリンの存在を際立たせるための、あまりにも重大な歴史の書き換えでした。ロシアの共産党が、「イスクラ（火花）」［★］の刊行を軸にしたレーニンらの党建設の活動を経て、一九〇三年の第二回党大会で、ロシア社会民主労働党として創立されたことは、まぎれもない歴史の事実ですが、『小史』は、一九〇三年の意義は「統一党の骨組をつくりあげた」（ボリシェビキもメンシェビキも含む「統一党」という意味です）ことにあったとし、「独立マルクス主義政党」、すなわちボリシェビキ党の創設は、一九一二年のプラハ党協議会だという新説を採用したのです。スターリンは、この協議会ではじめて党中央委員に選出されました。この新説によれば、一九一二年以前の時期は、いわばボリシェビキ党の前史であり、スターリンは、ボリシェビキ党の創立の時から、レーニンとともに党指導の先頭に立ってきた指導者だということになるわけです。

★「**イスクラ**」　一九〇〇年、レーニンが創刊したロシアにおける社会主義運動の機関紙で、社会民主党の創設を準備する上で決定的な役割を果たしました。その活動を基礎に、一九〇二年の第二回大会で、ロシア社会民主労働党が建設されましたが、そこで党がレーニンが指導するボリシェビキ（多数派）とメンシェビキ（少数派）に分裂、大会後に「イスクラ」はメンシェビキの機関紙に変質しました。

ロシアの党が、プラハ協議会でメンシェビキと組織的にもきっぱり手を切った党に発展したことは、日和見主義と絶縁した「新しい型の党」の誕生という意味で、国際的にも意義をもつ画期的な発展でしたが、それも、第二回党大会以来の党統一をめぐる長期の闘争を通じてかちとった成果でした。この歴史を無視して、一九一二年以前の党史を「前史」として切り分ける態度をとるとなると、それでは、レーニンは、一九〇〇〜〇三年の「イスクラ」時代に、いったい何のためにたたかったのか、という疑問をもひきおこします。しかし、党史のなかで自分の存在をできるだけ大きく意義づけようとするスターリンにとっては、そんな矛盾は問題ではなく、党史のこの重大な書き換えを、じつに無造作にやってのけたのです［★］。

★　この問題は、以前、「レーニンの党組織論の歴史について」という小論で、レーニンの党組織論の歴史的経過を追いながら、たちいった検討をおこなったことがあります（不破『現代前衛党論』一九八〇年　新日本出版社　三六〇〜三六一ページ）。ソ連共産党も、部分的にもせよ、スターリンへの批判をはじめて以後は、さすがにこの歴史変造を放っておくことはできず、それ以後に刊行された『ソ連共産党史』でその是正をおこないました。

（三）一九一七年の革命史の書き換え。問題はそれだけではありません。スターリンは、自分をレーニンと並ぶ一九一七年の革命の指導者として描きだすために、二月革命から十月革命にいたる歴史を、当時の状況の目撃者なら誰でも知っており、スターリン自身も以前は公式の文章で認めていた事実まで含めて、書き換えてしまいました。

（イ）二月革命の場合。

まず、二月革命のときです。スターリンはシベリアの流刑地から帰国して、カーメネフとともに、「プラウダ」の編集部にいました。当時、首都ペテルブルクには、ブルジョア的な臨時政府と労働者と兵士のソビエトが並存している二重権力の状態でした。そして、臨時政府は、打倒されたツァーリズムのあとをついで、戦争をそのまま継続する方針でしたが、ソビエトの方も臨時政府とその戦争継続方針を支持する態度でした。そのとき、ボリシェビキ党の機関紙「プラウダ（真理）」までが、それに同調してソビエトのその態度を支持する論説を発表し続けたのです。この編集部をにぎっていたのがスターリンとカーメネフでした。レーニンは亡命先のスイスでこの論説を読み、どうしたことかとあきれながら、その態度の是正を求める手紙（「遠方からの手紙」）を送るのですが、スターリンらはそれを読んでも態度を変えませんでした。スターリンがその態度を変えたのは、四月にレーニンが帰ってきてからのことでした。

このことは、二月革命を現実に経験したボリシェビキなら、誰でも知っていることでした。

だから、反対派との論争の時期にこのことが問題になった時には、スターリンもそのことを認めざるをえませんでした。

スターリンは、一九二四年一一月の党内のある会議での演説で、自分の責任はできるだけ軽くする言い方でのことでしたが、ともかく自分の誤りを認めてこうのべました。

「党は、講和の問題でソビエトが政府に圧力をかける政策をとり、……ソビエト権力という新しいスローガンへすぐ一歩ふみだす決心はついていなかった。この中途半端な政策は、具体的な講和問題で、ソビエトに臨時政府の真の帝国主義的本性を熟視させ、それによってソビエトを臨時政府から引きはなすことをあてにしたものであった。だが、これはひどくまちがった態度であった。というのは、この態度は平和主義的幻想を生みだし、祖国防衛主義の水車に水をそそぎ、大衆の革命的教育を困難にしたからである。当時私は、党の他の同志と、このまちがった態度をともにしていた。そして、四月の中ごろにレーニンのテーゼに同意して、はじめてこの態度を完全にすてたのである」（スターリン全集⑥三四七〜三四八ページ　大月書店）。

たいへん歯切れの悪い反省の弁ですが、ともかく一九二四年には、「他の同志」（おそらくカーメネフのことでしょう）と「このまちがった態度をともにしていた」ことを認めていたのです。

ところが、『小史』では、各人の役柄がまったく違うものに、こう書き換えられました。

「党がその合法的存在を始めるや、その陣列内の不一致が表面に現われてきた。カーメネフおよびモスクワ組織の若干の働き手、たとえば、ルイコフ、ブブノフ、ノギン等は、臨時政府と防衛主戦論者の政策を条件つきで支持するという準メンシェビキの立場をとった。スターリンは流刑地から帰ったばかりであった。彼とモロトフ、その他は、党の大多数とともに、臨時政府に対する不信任政策をとり、防衛主戦論に反対し、そして、平和のための積極的闘争、帝国主義戦争反対闘争を主張した。党の一部の働き手は動揺したが、これは長年月の入獄と流刑の結果、政治的におくれた結果であった。

党の指導者、レーニンのいないことが痛感された」。

（ロ）十月革命の場合。

十月革命についても、書き換えはもっと強烈な形で、しかも手の込んだ小細工をしておこなわれました。

スターリンは、十月革命の一周年を記念して、一九一八年一一月六日の「プラウダ」に「十月の変革（ペトログラード［★］の一九一七年一〇月二四日・二五日）」という文章を書いて、革命の経過をふりかえりました。

★ **ペトログラード**　一八世紀初頭、ピョートル大帝によって建設されたロシアの首都で、二〇〇年にわたってペテルブルクという名称で呼ばれていましたが、一九一四年、第一次世界大戦の開始にあたって、ドイツ語風の呼び名からロシア語風のペトログラードに改名、次いで、一〇月革命勝利後の一九二四年、レニングラードに改名しました。ソ連崩壊後の一九九二年、再び改名、現在はサンクト・ペテルブルクと呼ばれています。

その要点は、次の通りです（番号は不破がふりました）。

（1）「すでに九月の終り以来、ボリシェビキ党中央委員会は、成功する蜂起を組織するために、党の全勢力を動員することを決定していた。この目的のために、中央委員会は、ピーテル〔ペトログラード〕に軍事革命委員会を組織し、ペトログラードの守備隊を首都に残留させ、また全ロシア・ソビエト大会を召集することを決定した。このような大会が唯一の権力継承者となることができたのである」。

（2）「一〇月二四日〔新暦一一月六日〕には、多くのきわめて重要な国家機関で、軍事革命委員会の委員が強制的に臨時政府の代表者を追放した。その結果、これらの機関は軍事革命委員会の手中に帰し、臨時政府の全機構は解体された。この日（一〇月二四日）のうちに、ペトログラードの全守備隊、全連隊が決定的に軍事革命委員会の方へうつった。その例外はいくつかの士官学校と装甲中隊にすぎなかった。……夕方になってやっと臨時政府は突撃大隊をもって橋を占領し、そのいくつかをとりこわすことに成功した。これにこたえて軍事革命委員会は、水兵とヴィボルグ地区の赤衛軍兵士を出動させた。彼らは突撃大隊を武装解除し、おいちらして、みずから橋を占領した。このときから公然たる蜂起がはじまった。……冬宮では臨時政府が閣議をひらいていた。装甲中隊が軍事革命委員会のほうにうつった（一〇月二四日夜おそく）ことが、蜂起の有利な結末をうながした」。

（3）「一〇月二五日〔新暦一一月七日〕に〔第二回全ロシア・〕ソビエト大会が開かれ、軍事革命委員会は獲得した権力をこれに移譲した」。

（4）「一〇月二六日［新暦一一月八日］の早朝、『オーロラ』号から冬宮と司令部とにたいして砲撃がおこなわれたのち、また冬宮まえでソビエト軍隊と士官学校生徒とのあいだに撃ち合いがあったのち、臨時政府は降伏した」。

（5）「終始変革を鼓舞したものは、同志レーニンを先頭とする党中央委員会であった。ウラジーミル・イリイチは当時ペトログラードのヴィボルグ側の秘密会合所に住んでいた。一〇月二四日の夕方、彼は運動を指導するためにスモリヌイへ呼びよせられた」。

（6）「蜂起を実際に組織する一切の仕事は、ペトログラード・ソビエトの議長たる同志トロツキーの直接指導のもとに遂行された。守備隊がソビエトの側に急速に移行したことと軍事革命委員会の活動の巧妙な指導を、党は主として、誰よりもまず第一に、同志トロツキーに負っていることを、確信をもって断言することができる。同志アントノフとポドヴォイスキーは、同志トロツキーの主要な助手であった」。

（7）「十月蜂起に抜群の役割を演じたのは、バルチック艦隊の水兵とヴィボルグ方面から来た赤衛軍兵士であった。これらの人々が非常な勇敢さを示したため、ペトログラードの守備隊の役割は主として、これらの先頭にたつ闘士を精神的に、また、ある程度は軍事的に援助することにとどまった」（スターリン全集④一七八～一八〇ページ［★］）。

★　このうち、（6）の部分は、全集に収録の際、削除されました。

十月蜂起の全経過を、要領よく圧縮していますが、革命から一周年、まだその熱気冷めやらぬ時点で書いているだけに、当時の雰囲気がリアルに感じられる文章です。

この経過説明の一つの特徴は、蜂起がもっぱら軍事革命委員会によって指導されたとし、局面局面を、軍事革命委員会の活動として叙述していることです。

スターリンの説明に言葉足らずのところがあるので、誤解があるといけませんから、補足をしておきますと、軍事革命委員会は、党の組織ではなく、ペトログラード・ソビエトの組織です。党中央の方針にもとづいて、ボリシェビキが一〇月九日のペトログラード・ソビエトの会議に、政府の軍事管区司令部に対抗するためにソビエト自身が独自の革命軍司令部をもつべきだという提案をおこない、それが承認され、一〇月一六日のソビエト総会の議決を経て、いよいよ正式に発足したものでした（メンシェビキは強く反対）。この委員会には社会革命党の代表も入りましたが、ボリシェビキの多くの代表が入り、トロツキーはこのソビエトの議長としてもちろん参加しました。いよいよ武装蜂起が迫った時の軍事革命委員会の責任者はポドヴォイスキー、書記はアントノフ・オフセンコで、スターリンが先の文章で、トロツキーの主要な助手として名前をあげたのは、この二人のことです。

これが、十月革命のまる一年後にスターリンが自分で描いた首都での蜂起の記録でした。

ところが、その二〇年後に刊行された『小史』では、同じペトログラードの蜂起について、まったく違った経過が描かれています。

「一〇月一六日に、拡大党中央委員会会議が開かれた。この会議で、蜂起を指揮するために、同志スターリンを頭にいただく党中心が選ばれた。その党中心は、ペトログラード・ソビエト軍事革命委員会の指導的核心であって、実際的に蜂起全体を指導した」。

「一〇月二一日に、ボリシェビキは、陸軍の革命的部隊の全部にわたって、軍事革命委員会の委員を派遣した。それから蜂起までの間、日夜、猛烈な戦闘訓練が、軍隊内でも、工場でもおこなわれた」。

「ケレンスキーは、一〇月二四日の早朝に、攻撃を開始し、ボリシェビキ党中央機関紙『ラボーチイ・プーチ（労働者の道）』の禁止と、その編集事務所とボリシェビキ印刷所への装甲車の急派を命令した。しかし、午前一〇時までに、同志スターリンの指令によって、赤衛隊と革命的兵士は装甲車を後退させ、印刷所と『ラボーチイ・プーチ』編集所の守備を増援した。午前一一時前後には、臨時政府を倒壊させることを檄した『ラボーチイ・プーチ』が現われた。それと同時に、蜂起の党中心からの指令にもとづいて、革命的兵士と赤衛兵部隊がスモリヌイに急派された。

蜂起が始まった。

一〇月二四日の夜、レーニンはスモリヌイに到着して、みずから蜂起の指導にあたった。終夜、軍隊の革命的部隊と赤衛隊の部隊が、陸続とスモリヌイに到着した。ボリシェビキは、臨時政府の立てこもっていた冬宮を包囲するために、これらの諸部隊を首都の中心部に向かって出動させた」。

「ペトログラード・ソビエトとボリシェビキ中央委員会がおかれていたスモリヌイは、革命の戦闘総本部となった。そこから、一切の戦闘命令が飛んだ」。

「臨時政府は、士官学校生徒と突撃大隊の援護のもとに、冬宮に難を避けていた。一〇月二五日の夜、革命的労働者、兵士、水兵等は、なだれをうって冬宮を占領し、臨時政府を逮捕した。ペトログラードの武装蜂起は勝利した」。

これが、十月蜂起の歴史の『小史』版です。

まず奇妙なことは、ペトログラード・ソビエトが設けた蜂起の正規の指導機関である軍事革命委員会が陰に隠れてしまって、ボリシェビキ党がつくった「スターリンを頭にいただく党中心」なるものが蜂起の指揮権一切をにぎり、党が直接、蜂起を指導したかのように、全経過が描かれていることです。十月蜂起は、ペトログラード・ソビエトが任命した軍事革命委員会が指揮したからこそ、首都の労働者の多数を代表する資格と権威を得たのです。それが、ボリシェビキ党が内々につくった「党中心」なる者の「指令」で始まったとすれば、蜂起は一つの党の私的行為だということになって、蜂起の大義そのものが失われてしまうではありませんか。あれだけ慎重に蜂起を準備したレーニンが、こんなことを認めるわけがありません。

しかも、そのような偉大な「党中心」なるものが存在して、それだけの役割を果たしたのだとしたら、一九一八年にどうしてスターリンは、「党中心」について一言もほのめかさずに、あのような生き生きした経過報告を書いたのでしょうか。蜂起が「始まった」経過も、一九一八年の回想では、ヴィボルグ地区での軍事衝突だったのに、『小史』では、ボリシェビキの「ラボーチイ・プーチ」印刷所を守れという「同志スターリンの指令」が蜂起の開始を決定づけたという話に変わっています。

軍事革命委員会を蜂起の軍事司令部として描いた一九一八年のスターリンと、「スターリンをいただく党中心」こそが蜂起の総司令部だったとする一九三八年の『ソ連共産党（ボ）小史』と、どちらが正しいのでしょうか。

答えは明白です。革命一年後、記憶もまだ新しい時に十月蜂起の経過を記述した一九一八年のスターリンが正しい歴史を書いたのであって、一九三八年の『小史』は、「スターリン神話」をつくりだすためのつくり話を書いたのです。

このつくり話には、それなりの歴史があります。

「党中心」の話を、革命前夜の党中央委員会議事録からぬきだして、最初に口にしたのはスターリン自身でした。

スターリンは、一九二四年一一月、つまりレーニンの死んだ年の一一月に、党の一集会でのトロツキー批判の演説で、十月蜂起の経過の問題を取り上げ、一七年一〇月一六日の党中央委員会の議事録に、蜂起のための「軍事的革命的中心」として五人の幹部が任命されたことが記録されている事実を示したのです。その五人とは、スヴェルドルフ、スターリン、ブブノフ、ウリツキー、ジェルジンスキーでした。

ただ、スターリンは、この時には、この「党中心」が、軍事革命委員会に代わって十月蜂起を指導したとは主張しませんでした。彼がこの議事録によって主張しようとしたのは、次の点だけでした。

1．十月革命でトロツキーがよくたたかい、「疑いもなく重要な役割を果たした」ことは事実だが、彼は、ペトログラード・ソビエトの議長として、党中央の意志を実行したのであって、特別の役割を果たしたわけではない。

2．その証拠がこの議事録である。蜂起のための「実践的中央部」を選んだなかに、トロツキーが入っていないではないか。

実は、この決議には、五人の人名をあげたあとに、その位置づけの重要な文章が続いていました。「この中心は革命的ソビエト委員会の構成部分とならなければならない」。つまり、軍事革命委員会のなかにはいって活動せよ、ということです。だから、ペトログラード・ソビエトの議長で、軍事革命委員会で中心的な役割を果たすべき任務をになっていたトロツキーの名がそこにないのは、当然のことだったのです。スターリンは、ここで一種の詐欺的な引用をしたわけです。

スターリンが、この議事録をわざわざ引用しながら、それをトロツキーの「特別な役割」を否定する論拠としただけで、「党中心」や任命したスターリンの実際の活動ぶりには一言もふれようとしなかったことも、注目に値します。当時は会議で設置を決めても、実情にあわずお流れになることがしばしばありました。おそらくこの「党中心」も同じ運命をたどったのでしょう。もしこの決議が実際に発動して、「党中心」が軍事革命委員会のなかで指導的活動をしたのだったら、スターリンがトロツキーとの論戦のなかで、その事実にふれないのはあまりにも不自然だったからです。

また、スターリンが、党中央の状況の最大の当事者であるレーニンが死んだあとで、この議事録をもちだしたことも、大事な点です。レーニンがいたら、党中央で決めた「党中心」なるものがどんな役割をしたのか、即座に答えを出したでしょうから。

ところが、スターリンは一九二四年には話をそこで止めましたが、一九三八年の『小史』では、がらっと変わって、軍事革命委員会ではなく、「党中心」——しかも、そこに「スターリンを頭とする」という議事録にない言葉を付け加えて——こそが十月蜂起の実際の指導者であったという歴史にすべてがつくりかえられました。その時には、「党中心」に指名された五人のなかでも、スヴェルドルフ、ジェルジンスキー、ウリツキーはすでに死去し、ブブノフは「大テロル」の犠牲となり、軍事革命委員会の活動家たちも多くが抹殺されていましたから、どんなつくり話も勝手に書ける条件がうまれていたのです。

このつくり話は、戦後発行された『スターリン伝』（マルクス・レーニン主義研究所編）になると、もっと極端になります。

「レーニンとスターリンは、大胆にして、かつ深い確信をもって、剛毅にしてしかも慎重に、社会主義革命へ、武装蜂起へ、党と労働者階級とを導いた。レーニンとスターリン、彼らこそは、偉大な社会主義十月革命の勝利の鼓舞激励者であり、組織者であった。

スターリン——彼こそ、レーニンの最も身近な戦友であった。彼は、蜂起の準備活動の一切を、直接に指導した。……

一〇月一六日、党中央委員会は、同志スターリンを首班として蜂起を指導するための党中央部を選出した。この党中央部は、ペトログラード・ソビエトに属する軍事革命委員会の指導中心となり、全蜂起を実際的に指導したのである」。

『ソ連共産党（ボ）小史』の要所要所に書きこまれた「スターリン神話」は、こういうやり方でつくりだされていったのでした。

ロシア革命の経験の絶対化

第三の点は、『小史』が、ロシア革命の経験をスターリン的に単純化したうえで、これを世界の革命運動の模範として意義づけたことです。

この節のはじめに紹介した資本主義国の五つの共産党の共同声明（本巻二七ページ）は、『小史』が各国共産党にとってもつ意義を、次のように強調しました。

――『ソ連共産党（ボ）小史』の出版は、世界の共産主義運動、世界の労働者運動および資本主義国家の勤労者の解放闘争のなかでの、もっとも偉大な出来事の一つである。

『小史』は、同志スターリンの直接の参加のもとにつくられ、またソ連共産党（ボ）中央委員会の審査を経たもので、それは、マルクス・レーニン主義の古典文献のなかで、非常に重要な地位を占めている。『小史』の使命は資本主義国家の共産党員たちに、ボリシェビズムをりっぱに把握させるうえで、また、コミンテルンの各支部を強め、その思想的、政治的水準を向上させるうえで、偉大な役割を果たすことであり、それはまた、疑いもなく、その偉大な役割を果たすであろう。

——『小史』は、資本主義国の労働者と勤労者にたいして、新しい型の党——レーニン・スターリンの党を建設し、この党が他のすべての共産党の模範であることを指し示している。

——『小史』は、人類史上かつてない新しい時代を開いた世界で最初の勝利した社会主義大革命の、きわめて豊富な経験を描きだしている。そしてそれは三回にわたる革命の経験と、この三回にわたる革命の烽火のなかでレーニンとスターリンが、ボリシェビキ党を、鋼鉄のように鍛え上げたことを紹介している。

——『小史』は、高度な原則性、ボリシェビキの非妥協性と階級敵にたいする警戒心で共産党員を教育している。『小史』は、ファシスト、トロツキストの代理人に反対する闘争のなかで、また右翼的裏切りに反対し、テロリスト、スパイ、暗殺者など、これら一団の労働者の最も凶悪な敵に反対する闘争のなかでの計り知れぬ価値をもった武器である。

——『小史』は、創造的なマルクス主義の模範的標本である。『小史』は、レーニンとスターリンがマルクス主義理論に貢献したあの偉大な天才の宝庫を映し出しており、全世界の理論上でのマルクス主義思潮の、ひとつの新しい高揚の起点となろうとしている。

——『小史』は、簡単な科学的百科全書であり、それは、マルクス・レーニン主義の科学の基本的知識を包括している。

——ソ連共産党（ボ）の歴史は、世界各国の共産党員や労働運動や勤労者にとっての、共同財産である。それはレーニン主義の誕生地、レーニン・スターリンの社会主義革命理論の故郷、勝利した労働者階級の執権の国、社会主義の国、全世界勤労者の祖国の、ボリシェビキ党の歴史なのである。

――共産党員はこれによって、ソ連が世界の労働者運動の最高目標の生きた化身であり、世界プロレタリアート統一の国際的任務を代表するものであって、ソ連共産党（ボ）の長年の闘争経験が、あらゆる国の勤労者にとって決定的な意義をもつことを、永久に忘れないであろう。

共同声明は、このあとに、ソ連の経験の機械的適用を戒める文章を続けていますが、ソ連の経験をマルクス以来の革命理論をロシアの特殊な情勢に適用した成果としてとらえるのでなく、ソ連の経験そのものを原点において、その適用に当たっては各国の特殊な諸条件に留意せよというのですから、その議論そのものが、スターリンが設定したソ連共産党の経験の絶対化という枠組みのなかでの注意書きにとどまってしまったのでした。

スターリンは、こうした特質をもった『ソ連共産党（ボ）小史』を、ソ連とコミンテルンの専門家の総力をあげて各国語に翻訳し、その学習と普及を最重点の任務とした世界的なキャンペーンを展開したのです。モスクワ裁判での告発をソ連共産党の歴史に組み込み、それを外国に通じた「反革命」諸勢力から社会主義のソ連と世界の共産主義運動をまもったスターリンの偉大な事業として正当化したうえ、ソ連における革命と社会主義の事業全体をレーニンとスターリンの共同の事業として描き出したこの「科学的百科全書」普及の世界的キャンペーンは、「大テロル」の衝撃を乗り越えることに役立っただけでなく、スターリンを絶対の指導者として崇拝する「スターリン神話」の強力な源泉となり、ソ連および世界各国の共産党をスターリン路線に結集するうえで、絶大な力を発揮しました［★］。

★　不破自身の回想から　戦後の日本でも、とくに科学的社会主義を勉強しようとする若い世代にとって、『ソ連共産党（ボ）小史』が持つ意義は、特別のものがありました。

私も、マルクス、エンゲルスにせよ、レーニンにせよ、その著作をまとまって手に入れることは困難な時代に、『小史』の日本語訳に触れ、科学的な革命論に歴史的体系的に初めて触れるという思いで、読みふけった記憶があります。『小史』の最初の日本語訳が出版されたのは四六年七月刊行の『全連邦共産党小史』（京都の大雅堂出版）で、私は旧制高校で入党してすぐ手に入れましたが、大学時代には、ソ連の代表部から、『ソ同盟共産党（ボルシェビキ党）歴史』やスターリンの著作二七編を集めた『レーニン主義の諸問題』（これはページ数一一六九ページという大冊でした）が、各方面に大量にもちこまれて、事実上、学生党員の〝必読文献〟扱いされました。

古本屋を探して戦前のレーニンの著作を手に入れても、政治的文脈や時代背景は『小史』で勉強してそこにはめ込んで読む、という調子ですから、『小史』を通じてスターリン流の「マルクス・レーニン主義」を頭のなかにたたきこんだものでした。

日本では、これは、読書の自由が確立した戦後初めて起こった現象でしたが、世界的には、各国の共産党のあいだで、同じような現象が三〇年代の末から起こっていたのだと思います。

四、レーニン全集、マルクス・エンゲルス全集のスターリン的編集

スターリン自身は、その精神を社会主義や革命と無縁のところに移したとしても、社会主義を名乗る国家の指導者として、また世界の共産主義運動の指導者としての地位を保持するためには、モスクワが、マルクス、エンゲルス、そしてレーニンの理論の中心地でありつづけなければなりません。それには、理論分野で、それにふさわしい活動が必要ですが、なかでもレーニン全集とマルクス・エンゲルス全集の刊行は、国家的事業として避けることのできないものでした。

スターリンは、この分野にも、いわばスターリン的〝改革〟をもちこみました。

レーニン全集の大幅な改定

レーニン全集は、まだレーニンが健在だった一九二〇年の第九回党大会で刊行が決定されたもので、第一版は一九二〇～二六年に二〇巻二六冊で出版されました。第二版は、レーニン死去の年・一

九二四年一月の第二回ソビエト全国大会の決定に従って、第一版の出版がまだ終わっていない一九二五年に刊行が開始され、三二年までに全三五巻を完成しました（第三版は第二版の廉価版で、内容はまったく同じもので、ほぼ同時期に刊行されました）。

第四版は、一九四一〜五一年に全三五巻で刊行されました（なお、その後、一九五六〜六六年に、補巻として三六巻から四五巻までの一〇巻が刊行されました。日本で翻訳されている大月書店版はそれにあたります）。スターリンは、第二版の内容に満足せず、第四版の編集にあたって、第二版以後に明らかになったレーニンの文献的遺産を補足するというだけではなく、編集内容に根本的な改定のメスをいれました。

（一）スターリンにとってはまず、レーニンの手紙が問題でした。スターリンがレーニンのもっとも信頼した戦友だったというのが、「スターリン神話」の大きな柱になっているのに、レーニンが親しく手紙をやりとりしている人たちのあいだに、スターリンが全然出てこないのです。そこを〝改革〟するために、スターリンがまずやったことは、全集に収録する手紙そのものを大幅に圧縮することでした。その結果、全集第二版に収録されていたのに、第四版で削除されてしまった手紙の数は、全部で二四〇通にもおよぶことになりました。

とくに大きな被害を受けたのは、レーニンが新聞「イスクラ」を中心に、ロシア社会民主労働党を創立する第二回党大会を準備した時期の活動と、第一次世界大戦中、レーニンがスイスに亡命していた時期の活動です。前者では、一九〇一〜〇二年だけでも三五通の手紙が削られ、後者では、大戦の勃発から革命のロシアに「封印列車」でレーニンが出発するまでの手紙や電報八三通が削除されました。レーニンの活動の大きな部分がこうして隠されてしまったのです。

その一方、スターリンがやったことは、実務的な公式の命令文書であろうが、電話でのやり取りであろうが、スターリンの名前が出てくるものは、片っ端から全集に収録することでした。その操作で「目次」にスターリンの名前が出てくる回数はともかく増えましたが、それによってレーニン―スターリンの親密な関係が見えてくるわけではありません。

たとえば、内戦中、レーニンはあらゆる戦線の司令官や政治委員と無線や電話で連絡をとり、指令をだし、報告を聞き、相談をするなどしていたはずです。ところが、第四版の全集には、スターリンが派遣された戦線にあてられた指令や電話での対話しか出てこないのです。そういう一方的な文献収集をやっても、レーニンがスターリンを無二の同志として突っ込んだ相談をしたりした文献的な記録は、ついにでてきませんでした。

(二) また、スターリンが、第四版の編集で心を砕いたことは、「反革命分子」として彼が断罪した人々が全集に登場するのを、可能な限り制限することでした。

たとえば、ブハーリンです。ブハーリンあての手紙はあまり多くないのですが、スターリンは、レーニンが「プラウダ」の編集ぶりをきびしく批判した一通をのぞいて、あとは全部削ってしまいました。削ったなかには、「ロシア共産党史についての覚え書」と題して、一九〇三年以来の党史をふりかえって、「意見の開きの対象の一覧表（年代順）」と題してレーニンが見る党史上の重要事件を年表的に書きつけた貴重な文章もありました［★］。

★　**レーニンの年表には「プラハ会議」がなかった**　スターリンがこの文章を嫌った理由は、手紙のあて先がブハーリンだったということにくわえて、一九一二年のプラハ会議（全党協議会）の位置づけにあったかもしれません。すでに見てきたように、スターリン的党史、すなわち『小史』では、スターリンが初めて中央委員に選ばれたこの会議は、ボリシェビキ党を創立した、党史上一時代を画する決定的な会議とされ、そのことが、スターリンをレーニンと並ぶボリシェビキ党の指導者とする根拠の一つともされました。

ところが、レーニンがこの短信で書いた党史メモには、年表の「一九一二年」の前後には、

「一九一一年。中央委員会総会。

統一か、分裂か？

一九一二年。分裂。（解党主義）。

一九一三年。『ストライキ熱』うんぬん」（全集㊱六五七ページ）

とあるだけで、一九一二年を党創立の重要な年とするスターリン的見地につうじるような位置づけはどこにもないのです。

ブハーリンやトロツキーの名前の入った文章はすべて抹殺するという手法は、スターリン死後の全集編集にも引き継がれました。全集第四版の補巻として、レーニンの『帝国主義論ノート』を刊行した時（一九六〇年）、レーニンのノートにあるブハーリンとトロツキーおよびその著作の名前を、内容

とは関係なく機械的に削ってしまったのです。本当にこっけいのきわみでした。全集第五版では、『帝国主義論ノート』を収録する際（第二五巻）、部分的な復元がおこなわれましたが、復元の結果も、レーニンの原文とはほど遠いものでした。全集の刊行にあたった編集部は、最後までスターリンの亡霊から解放されなかったのでした［補注］。

（三）これは、第二版から削除した部分ではないのですが、第二版以後に発見されたレーニンの文献の中には、私が「最後の三年間」と名付けたレーニンの晩年の時期（『レーニンと「資本論」』全三巻　新日本出版社　一九九八～二〇〇一年、など参照）にかかわる多くの文献的遺産がありました。本来なら、そういう新しい遺産を包括的に収録してこそ、第二版に代わる新しい版を出す最大の意義があります。ところが、スターリンは、その遺産の中で自分の政策と行動に合わないものは「立ち入り禁止地域」にして、この分野の新文献はいっさい全集にはとりいれない方針をとりました。

この「立ち入り禁止地域」の第一は、新しく発見された文献ではありませんが、『大会への手紙』をはじめ、レーニンが最後の時期に、スターリンの大国排外主義と「粗暴な」権力乱用にきびしい批判を加えた一連の文献です。これを排除したことは、スターリンを、最後までレーニンがもっとも信頼した指導者として描きだすためには、決定的な意味を持つ変造でした。レーニンの遺書は、第一二回党大会の代議員に公開されていましたから、ここにも、古い世代のボリシェビキの絶滅を企てた動機の大きな一つがあったであろうことが、推測されます。

第二は、レーニンが、多数者革命および統一戦線の戦術方針を深く展開したコミンテルンの第三回大会および第四回大会に関連した諸文献です。スターリンは、第五回大会では、ジノビエフと協力して、これらの大会で開かれた前進方向を事実上無効にする逆行的措置をとったのでした。

第三は、一九二三年のジェノバ会議に関連する諸文献です。この会議で、レーニンは、二つの体制の平和的共存の原則を踏まえて、資本主義諸国との経済的、政治的諸関係の探究に意欲的に挑戦しました。第四版のその時代を扱う諸巻を編集する頃には、この問題でレーニンが書いた多くの諸文献が確認されていましたが、スターリンは、この問題も「立ち入り禁止地域」にくみいれました。

［補注］レーニン全集のスターリン的〝修正〟――『帝国主義論ノート』の場合

『帝国主義論ノート』でのレーニンの原文の変造ぶりは、旧ソ連における〝レーニン学〟の質と水準を示す典型的な事例なので、ここで少し立ち入って、その手法を紹介しておきたいと思います。

（イ）まず目立つのは、「ノートε（エプシロン）」［★］の場合です（日本語版全集㊴二四一～二五三ページ）。レーニンの原文では、「ノートε」の目次（同前二四一ページ）には、四項目に「N・I・ブハーリンのテーゼ」という記載がありましたが、目次でのこの記載（日本語版でいえば「石炭と鉄」の上にありました）も、ノートのそれに対応する部分も、すべて削除されました。

★　『帝国主義論ノート』には一八冊のノートと雑録（一九一二〜一六年執筆）が収録されていますが、レーニンは最初の一五冊のノートを、「ノートα（アルファ）」、「ノートβ（ベータ）」など、ギリシア文字で番号づけていました。

目次に対応して、本文には、［ブハーリンのテーゼについての注意書き］という項目がありましたが、そこにあるのは、次の短い記載だけです（日本語版全集㊴二五一ページに当たる個所）。

「　　NB（重要）
　　ブハーリンのテーゼ
　　　NB
　　（一九一五年二月）
　三九、四〇、四三、四七……　」

また、この項目の前には、トロツキーのパンフレットを取り上げたドイツ社会民主党の機関紙「フォルクスシュタート」の社説についてのレーニンの「覚書」が書かれています。さらに「ノートε」の末尾には、「ブハーリンのテーゼ」そのものが全文書き写されています（同二五三ページに続くページのはずでした）［★］。

★　レーニンの原文は、『レーニンスキー・ズボルニーク』によりました。『帝国主義論ノート』は、その第二二巻、第二七～第三一巻に分載されました（一九三三～三八年刊行）。

ここで「ブハーリンのテーゼ」というのは、一九一五年二月、党のベルン会議が開かれたとき、民族自決権否定の立場でブハーリンが持ちだした「テーゼ」のことだと思います。「一九一五年二月」との書き込みはそのことを指しています。

「ブハーリンのテーゼ」［★1］は、レーニンがそのとき読んで抜き書きをしたりしていた諸文献と直接には関係のないものですが、ブハーリンとの間には「帝国主義的経済主義」［★2］をめぐる新たな論争が起こりつつあった時期でしたから、ベルン会議当時の記憶を新たにするために、心覚えのためにここに書き込みをし、「テーゼ」そのものも書き写したのでしょう。

★1　**ブハーリンの「テーゼ」**　不破『レーニンと「資本論」』④の『戦争と帝国主義』二八九～二九一ページに全文を紹介しておきました。

★2　**「帝国主義的経済主義」**　これは、ブハーリンその他の民族自決権否定論者の論調を、レーニンが特徴づけた言葉です。彼らの民族自決権否定論が、「帝国主義の時代には、もはや民主主義のための要求や闘争など、問題にならない」といって、専制政治のもとでの政治闘争を否定したかつての「経済主義」の新版であることを、鋭くえぐり出した規定でした。

レーニンは、その後、ブハーリンらとの論争でいくつもの文書を書きましたが、その一つの中で、レーニンはベルン会議での論争を思い起こし、「ブハーリンのテーゼ」にも論及しています。

「この発生しつつある傾向が、何人かの同志のまえに姿をあらわしてから、すなわち一九一五年春のベルン会議に姿をあらわしてから、すでに一年あまりたった。当時は、幸いなことに、全員の不賛成にあいながら、『帝国主義的経済主義』のこうした考えを会議のおわりまで主張し、これを特別の『テーゼ』の形で文書として定式化した同志はひとりだけであった。だれも、このテーゼには賛成しなかった」（「発生しつつある『帝国主義的経済主義』の傾向について」一九一六年　全集㉓三ページ）。

こういう文脈での書き込みですから、スターリンの立場に立っても、それをレーニン全集から排除する政治的必要などどこにもないはずですが、スターリン指揮下の編集部には、ブハーリンやトロツキーなどの名前が、レーニンとの論争の相手としてにせよ、レーニンのノートに登場すること自体が、禁止条項にふれることだったのでしょう。

全集第四版ではそれらのすべてがまるまる抹殺されました。第五版では、目次の項目名だけは復活させたものの、それに対応するノートの中身は削ったままにしたのです。

（ロ）同じような、無意味だが、レーニンの原意をゆがめる点ではより悪質な変造は、「ノートβ」に見られます。全集第四版には、シルダーというドイツの経済学者の世界経済論を読んでのノートに次のような文章がありました。

「214．＋日本？＋ポルトガル（216）——218平方キロメートル——人口1300万人」（日

本語版全集㊴七三ページ）。［★］

★　日本語版では218万平方キロとなっていますが、ロシア語版は218平方キロです。

冒頭の214は、シルダーの著作のページ数ですが、それに続く文章は、いくら著作からの書き抜きだとしても、レーニンが何を考えてこの書き抜きをしたのか、まったく意味のつかめない文章です。それもそのはずです。実は、この文章は、レーニンの文章からブハーリンを抹殺するために、編集者たちが無理やりつくりあげた変造文だったのですから。

レーニンの原文は、次のようなものでした。

「214．『ブハーリン』の表＋日本？　平方キロ　百万人
（216）＋ポルトガル――2・18――13」

これなら、意味を判読することができます。「『ブハーリン』の表」というのは、ブハーリンが書きあげてレーニンのところへ持ちこんだ彼の著作『帝国主義と世界経済』の原稿にあった「表」を指していると思います。ブハーリンは、そのなかに、当時の主要帝国主義国について、植民地および本国の面積と人口を示した表を書きこんでいました。レーニンは、ブハーリンに依頼されてこの著作のための「序文」を書きましたから、この表のことが頭にあって、ここに書きつけたのでしょう。

ここまでわかると、レーニンの文章の意味を読み解くヒントが得られます。まず、レーニンが、「『ブハーリン』の表＋日本？」と書いた意味です。これは、ブハーリンの計算に、〝日本を付け加える必要があるのでは〟という問題提起ではないでしょうか。私の推定では、ブハーリンの原稿の表では、日本が抜けていたのにたいし、レーニンが、たとえ現時点で所有している植民地が大きくなくても、東洋で急速に成長しつつある日本は無視することはできない、と考えたのだと思います（当時の日本の植民地の面積は台湾、朝鮮、樺太をあわせて、０・４百万平方キロでした）。ブハーリンの著作は刊行が遅れて、レーニンの『帝国主義論』の方が先に出てしまい、いまの植民地の表については、レーニンの新しい数字で原稿を訂正した旨のブハーリンの注記がつけられていますから、「日本」はその訂正の際につけくわえられたものと理解することができます。

次に第二行です。レーニンは、主要な帝国主義国だけをあげたのでは、帝国主義と植民地の現代的関係を全面的にとらえることはできない、と考えたのではないでしょうか。その見方では、大きな植民地を持つヨーロッパの諸小国が視野の外におかれます。そこで、「＋日本？」に加え、これら諸小国の代表として、ポルトガルを加えてみました。それに続く面積と人口は、ポルトガルが持つ植民地の面積と人口だということになります。面積の単位を「平方キロ」としたのはレーニンの誤記で「百万平方キロ」だと思います（ポルトガルが当時植民地としていたモザンビークと西アフリカ［現在のアンゴラ］の合計面積が２・05百万平方キロ）。頭の「（２１６）」は、シルダーの著作のページ数で、そこでポルトガルのことがとりあげられていたのかもしれません。

ここでは、レーニンの思考はそこで止まっていますが、帝国主義と植民地諸国との関係を人口の大きさでとらえ、そのなかで植民地を領有するヨーロッパの諸小国の位置づけも明確にするという考え方は、『帝国主義論ノート』の後半の部分で大きく発展させられ、世界をみる基本的な観点として、レーニンの帝国主義論の中に組み込まれてゆきました（一九一六年一二月執筆の研究ノート「帝国主義諸国家への植民地の配分」日本語版全集㊴六七六〜六八七ページ）。その意味で、レーニンのこの二行の書き込みは、レーニンの帝国主義理論の発展の過程をたどる上で、たいへん興味ある一局面をなしていました。

しかし、そんなことは、全集の編集者たちの関心事ではありませんでした。彼らにとって至上命令は、レーニンのノートからブハーリンを抹殺することです。その作業は簡単でした。ともかく、このページから、「『ブハーリン』の表」という字句を削ればよいのです。しかし、削ったあとには「＋日本?・」だけが残ります。これはあまりにも不自然だから、次の行とつなげば、もっともらしく見えるだろう。さらに（２１６）をポルトガルのあとに移したのも、二つある「＋」のあとにおいた方が自然に見えるという作為からでしょうか。おそらく、そういう段取りで、第四版の意味不明の文章が出来上がったのだと思います。

第五版では、「『ブハーリン』の表」という字句は復元されました。しかし、これは意味をまったく考えない復元でした。第四版で、強引に行かえなしの単一の文章に仕立てたところへ、「『ブハーリン』の表」という復元部分を機械的に押しこんだのですから、結果は、次のような、さらに奇妙な文章となりました。

「214．ブハーリンの表＋日本?＋ポルトガル（216）――2・18平方キロ――13百万人」

第五版の編集に当たって、ともかく復元作業をやりながら、もとのレーニンの文章を調べてみた形跡がまったくないのは、驚くべきことです。

この経過を見て私が最も強く受けた印象は、レーニン全集の編集に当たった旧ソ連の〝レーニン学者〟たちにとっては、レーニンの文章をいかに忠実に全集に反映させるかは問題にならず、上から与えられた編集方針の枠組みをいかにこなすかが、唯一最大の指針だったのだな、という感想でした。その流れは、スターリン時代にも、その後継者の時代にも、基本的には何の変化もなかったわけで、そのことを、『帝国主義論ノート』をめぐる全集各版の変遷は端的に物語っています。

マルクス・エンゲルス全集の刊行をめぐって

マルクス、エンゲルスの全集は、十月革命後のソ連で、一九二七年から刊行が始まりました。編集の責任者は、マルクス・エンゲルス・レーニン研究所の初代所長のリヤザノフで、マルクス、エンゲルスの業績に詳しい、全集の編集には最適の人物でしたが、一九三一年、メンシェビキ関係の裁判事件に関連した容疑で解任され、党からも除名されました。この事件そのものが仕組まれた疑いの濃い政治裁判でしたから、リヤザノフへの容疑そのものも根も葉もないものでした。おそらくスターリンには、マルクス、エンゲルスに詳しい彼の専門知識そのものが邪魔になったのだろうと思います。

リヤザノフのあとをひきついだのはアドラツキーで、一九三四年にマルクス、エンゲルスの諸文献の購入交渉にあたってブハーリンに同行した代表の一人です。ブハーリンにこの任務を伝えた時、スターリンが、アドラツキーには手稿の鑑定能力がないことを保証したと言いますから［★1］、スターリンにとっては大変使いやすい編集者だったのだと思います。しかし、そこでも、全集（ロシア語版）の仕事は長くは続かず、全二九巻（三三冊）の予定のうち、一八冊出たところで一九三五年に中断しました。続巻の刊行は戦後になりました。現在の『マルクス・エンゲルス全集』は、一九五六年にロシア語版第二版としてドイツ語版と並行して刊行を開始したもので、全四五巻として一九七五年に完結したものです［★2］。

★1　**スターリンの保証**　ブハーリンの妻ラーリナの回想では、スターリンのアドラツキー評は次のようなものでした。「アドラツキーの知識には僕は疑いを持っているんだよ、彼はマルクスの代わりに適当なものをつかまされる可能性があるからな。手稿を鑑定出来るのは君だけだ」（ラーリナ『夫ブハーリンの想い出』下　八七ページ）。

★2　**日本語版全集が世界最初の全集だった**　日本語版全集は、一九二八～三五年に、補巻を含め全三一巻（先行して出た『資本論』を入れれば全三六巻）で改造社から刊行されました。最初の段階では、ソ連での全集刊行が助けになることを予定したようですが、ソ連での全集刊行が中断したため、ソ連版を利用できたのは、『ドイツ・イデオロギー』を含むごく初期の文献だけで、大部分は、編集・翻訳に参画した研究者たちが個人的に入手した原典やヨーロッパでばらばらに出されていた論集などを集大成したものでした。現在の全集と比較しても、かなりの部分が収録されていることには、驚かされます。文献が全部そろって始めた仕事ではなく、編集途上で新しい文献が手に入れば逐次それを編入してゆくという状況ですから、構成に時間的に逆行する部分があるなどの問題は当然ありますが、世界で最初の全集という名に十分に値する偉業でした。

この企画の主力になったのは、いわゆる労農派に属する研究者たちで、戦略論的な立場は日本共産党と対立する立場に立っていましたが、これが、戦前の日本のマルクス主義研究の大きな成果であったことは間違いありません。政治的には対立していても、この翻訳陣には講座派からは山田盛太郎も参加する、労農派の大内兵衛が『日本資本主義発達史講座』の執筆者を引き受けるなど、マルクス主義研究者としての協力共同の関係があったことは、これらの仕事そのものの中にも刻み込まれています。

マルクス・エンゲルス全集の発行が、結局、スターリンの死後にまで遅れた根底には、マルクス、エンゲルスの文献の中に有害なものがあるのではないか、というスターリンの警戒心があったのではないか、と私は考えています。

スターリンは、レーニンの文献はよく知っていましたから、自分にとって有害な文献を選別して、あれこれの文献を削除したり、「立ち入り禁止地域」をつくることは、いわば自分の掌のうえでできます。しかし、マルクス、エンゲルスの文献は、ドイツ語、英語、フランス語等々の文献ですから、レーニンの場合のように簡単にはゆきません。

マルクス、エンゲルスの文献にたいする基本的な態度としては、スターリンはすでにレーニンが死んだ直後に、『レーニン主義の基礎』で、マルクス、エンゲルスの理論は「プロレタリア革命がまだ直接的、実践的に不可避的なものでなかった時期」の理論であって、今日の時代、「帝国主義とプロレタリア革命の時代」に有効なのは「レーニン主義」だと宣言して、十ぱひとからげに片づけてしまっていました。ですから、一般的に言えば、レーニンの文献的遺産にたいするほどには気を使う必要がないはずなのですが、スターリンには、警戒を必要とする大きな問題が一つありました。

それは、マルクス、エンゲルスが、ツァーリズムの覇権主義、領土拡張主義の徹底した敵であって、最後までこれとの闘争をヨーロッパの労働者階級に呼びかけていたことです。ソビエト国家は、圧制者であるツァーリズムを打倒した革命の成果に立って樹立されたのですから、国内問題に関する限り、マルクス、エンゲルスがツァーリズムをいくら批判しても、それは構いません。ただロシアの領土拡張をツァーリズムの貴重な遺産としてたたえ、革命後に放棄した旧領の回復を当面の課題として追求するつもりでいるスターリンにとっては、この問題でのマルクス、エンゲルスの論説にどんなものがあるかは大いに警戒と点検を要する点だったのです。

一九三四年。エンゲルスの論文と手紙をめぐる二つの事件

そして、一九三四年、事件が起こりました。

雑誌『ボリシェビキ』が、エンゲルスの論文『ロシア・ツァーリズムの対外政策』（一八九〇年 全集㉒）を掲載することにして、編集長のアドラツキーが、スターリンにその許可を求めてきたのです。

スターリンは、それにたいして痛烈なエンゲルス批判の手紙（一九三四年七月一九日付）を書いて、政治局員とアドラツキーに送りました［★］。

スターリンは、エンゲルスはこの論文で、ヨーロッパの世論の前で、ロシアの対外政策を攻撃することに熱中したあまり、次のような「一面性」の誤りにおちいった、とします。

（一）エンゲルスが、ロシア・ツァーリズムの拡張政策を、海への出口と海港を求める軍事的・封建的・商業的指導者たちの「必要」によってではなく、むしろロシアの対外政策の先頭に「いわば全能できわめて有能な外国人の冒険者の徒党」がいたという事情によって説明していること。加えて、「あらゆる醜行と汚辱をともなう征服政策」は、ツァーリズムだけでなく、ヨーロッパのすべての皇帝や外交官に共通のものだったことを見落としている。

（二）エンゲルスが、ヨーロッパ情勢の分析やきたるべき世界戦争の展望にあたって、「植民地と市

場と原料資源獲得のための帝国主義的闘争という要因」を忘れていること。この見落としにエンゲルス論文の主要な欠陥がある。

（三）一九世紀後半には、イギリス、ドイツなどこそ戦争と反動だったのに、エンゲルスが、ツァーリ権力の反動的役割を過大評価して、国際的な闘争の矛先をロシアにむけていること。

★　スターリンのこの手紙は、七年後の一九四一年五月、雑誌『ボリシェビキ』に掲載されました。より詳しくは、不破『スターリンと大国主義』の「14　エンゲルスに攻撃のほこ先を」（一九八二年）を参照してください。

このスターリンのエンゲルス批判を受け入れて、政治局は七月二二日、エンゲルスの論文を『ボリシェビキ』に掲載することは望ましくない、という決定をしました。

それから一〇日もたたないうちに、また『ボリシェビキ』に問題が起こりました。七月三一日付の雑誌に、ルーマニアの社会民主党員ナデジデにあてたエンゲルスの手紙（一八八八年一月四日、古典選書『マルクス・エンゲルス書簡選集』下所収、全集㊲）が、当時編集部にいたジノビエフの注記「編集者から」をつけて掲載されたのです。スターリンは、八月五日のカガノヴィチあての手紙、および政治局員とアドラツキー、クノーリン、ステツキー、ジノビエフ、ポスペロフ（以上は編集者たち）あての手紙で、ジノビエフの注記を批判しましたが、本当の問題が、編集者の注記ではなく、エンゲルスの手紙の内容にあったことは明白でした。そこでは、ツァーリズムの崩壊が中部および東ヨーロッパの諸民族解放の第一条件であることが強調されていました。

この二つの問題で、編集者たちは譴責《けんせき》を受け、ジノビエフは編集部から解任、クノーリンは上級編集者から格下げになりました。

マルクス・エンゲルス全集の刊行の突然の中断という事態が起こったのは、この二つの事件の翌年・一九三五年のことでした。

これは、文献的な証拠にはまだ出会いませんが、マルクスの著作『十八世紀外交史の内幕』（一八五六年）が、ソ連で〝禁書〟となったのも、同じ理由からスターリンがとった措置だと思います。そこには、ロシアの領土拡張主義の長年にわたる歴史が描きだされていたからです。

そして、マルクス、エンゲルスのツァーリズム批判に対するスターリンの異常なまでの警戒心は、その後継者たちにも忠実に受け継がれてゆきました。現行の『マルクス・エンゲルス全集』は、スターリンの死後に発行されたものですが、マルクスの『一八世紀外交史の内幕』は収録されていません。これが、全集に収録されたのは、一九八六年に発行された英語版全集第一五巻が初めてで、マルクスの執筆後、ほぼ一三〇年を経ての〝公表〟でした。

五、「大テロル」後の世界の共産主義運動

この章の最後に、検討しておきたいのは、スターリンが社会主義とも革命とも無縁な専制主義、覇権主義の「巨悪」に変貌した段階で、世界の共産主義運動をどう見るか、という問題です。

この問題を考えるには、次のいくつかの角度が重要だと思います。

第一。スターリンが、その専制主義、覇権主義の正体を、徹底した秘密主義で覆い隠したことです。「大テロル」についても、その真相を知る者は事後にすべて抹殺し、ごく少数の側近たちにしても、全貌を知る者はほとんどいなかったと思います。これから問題になるヒトラーとの提携の秘密協定にしても、その存在を知る者はモロトフなど交渉に当たった少数の人々に限られていました。各国の共産党員の圧倒的多数には、まったく想像の余地もないことでした。

第二。スターリンは、コミンテルンの幹部たちには絶対的な無条件服従の体制をつくることにほぼ成功し、それによって加盟各国共産党への指導力を確保しました。一九四三年のコミンテルン解散後は、モスクワにいた各国指導者とのつながりや、また後には秘密の財政支援の機構をつくるなどし

て、それを各国共産党を指導下に置く体制的な保障としましたが、これはソ連共産党と各国の党指導部を結ぶいわば闇のつながりであって、党全体に拘束力をもつものではありませんでした。

第三。各国共産党の党員レベルでいうと、スターリンの影響力は、圧倒的にスターリンの理論と政治路線への信頼でした。だから、スターリンは、いつも、自分の政策と行動を、科学的社会主義の言葉をもって飾らなければならなかったし、モスクワをマルクスとレーニンの理論の国際的な発信地としなければなりませんでした。マルクスの理論にスターリン的修正を加える場合にも、マルクスの理論の重要命題を否定するのではなく、現代的な発展と称して勝手な追加をするとか、時代的に古くなったという理由でしまいこむなどの手法によらざるをえませんでした。だから、自分自身は社会主義や革命に無縁の存在となっても、世界の共産党と共産党員から社会主義と革命の精神を消すことはできなかったのです。

反ファシズム統一戦線の時期や、第二次世界大戦における反ファシズム戦争の時期に、世界各国で多くの共産党員が（スターリンが支配するソ連を含めて）、社会主義と革命への情熱を燃やし決死的な闘争に立ったのは、そのことの表われでした。

第四。スターリンのこういう支配・指導体系の矛盾は、とくに対外関係で鋭く現われざるをえません。各国の共産党がこの矛盾に直面し、それに正面からたちむかう決意と確信を固めた時、その国の革命運動の新しい発展が生まれます。とくに一九三〇年代以後の世界の共産主義運動の推移を研究するには、この角度が非常に重要になります。

以上は、「スターリン秘史」をここまで研究してきた時点で、問題点をとりあえず四つの角度にまとめてみたものです。これからの歴史を探求する過程で、さらに問題を深めてゆきたいと思います。

第七章　フランス・スペイン・中国（上）

人民戦線政策はどう実行されたか

さて、ここで歴史を若干さかのぼって、一九三五年のコミンテルン第七回大会の時点にもどります。この大会で打ち出した反ファシズム統一戦線の方針が各国でどう具体化されていったか、このことを追究することが、これからの二つの章の主題となります。

一九三〇年代後半に、統一戦線戦術の具体化が特別に重要な意義をもったのは、フランス、スペイン、中国の三国の運動でした。

フランスは、第七回大会以前に人民戦線政策が大きな成功を収め、国際的にもこの政策の先陣に立った国でしたが、三六年五月には人民戦線が総選挙で勝利をかちとって、人民戦線政府が樹立されました。

スペインでは、フランスよりも三カ月早く、三六年二月に人民戦線が総選挙で勝利を得て人民戦線政府が成立しましたが、七月、フランコの指揮するファシスト軍部がスペイン領のモロッコで反乱を起こし、スペイン内戦の幕が切って落とされて、民主主義とファシズムとの国際的対決の焦点となりました。

中国では、国民党政権の武力攻撃とたたかう革命戦争のなかで、中国共産党の抗日統一戦線運動が進みますが、一九三六年一二月の西安事変を転機に、中国共産党と国民党政権のあいだの第二次「国共合作」へと事態が急展開し、三七年七月の日本帝国主義による全面侵略戦争の開始を、国民的統一戦線をもって迎えることになります。

これらの事態は、すべて、これまで見てきた「大テロル」の進行と並行して展開しました。そして、スターリンは、これらの国の統一戦線運動のすべてに、最高の決定権をもった指導者として干渉しました。形の上では、その指導にあたったのは、コミンテルンの指導機関でしたが、コミンテルン第七回大会では、〝コミンテルンで拘束力ある決定をおこなえるのは書記局だけである〟という公式のルールと、その決定はソ連共産党政治局（すなわちスターリン）の承認を経て初めて発効するという事実上のルールが確立しましたから、結局、スターリンは、第七回大会以前の時期以上に、その指導権を思うがままにふるうことができました。

しかも、そのスターリンは、すでに見たように、社会主義や革命の事業とは無縁な専制主義、覇権主義の巨悪への変貌を決定的にしていました。ですから、これらの国々の運動へのスターリンの介入は、表面的には統一戦線政策の適用だとされ、必要な時には、そういう用語を使って説明されましたが、その内容を現実に支配していたのは、ソ連の国家的利害や外交戦略であり、とくにスペインの場合には、軍事援助を通じてスペインを「衛星国」化しようとする覇権主義的思惑が早くも姿を現わしてきました。

この章では、この角度から、三国の状況をいくらか立ち入った形で観察してゆきたいと思います。

一、フランスの場合――人民戦線政府への共産党の参加問題

フランスでは、人民戦線が選挙で勝利した時、フランス共産党が政府に参加するかどうかが、大きな問題になりました。

人民戦線の勝利。しかし〝政府への参加は拒否せよ〟

人民戦線結成後、最初の総選挙は一九三六年五月におこなわれました。しかし、勝利した場合、共産党が政府に参加するかどうかの問題については、フランス共産党とモスクワとの間に、かなり以前から、意見の相違が現われていました。

三五年一〇月、フランス共産党の書記長トレーズが「共産党は反ファシズム人民戦線政府の形成に責任をもつ用意がある」と言明した時、コミンテルンの書記局から、政府参加に傾いているフランス共産党の気分に「警告」する電報が送られたのです。〝情勢はそのような展開にまで「熟していな

い」〟というのが、その理由でした。ディミトロフは休暇中で、マヌイルスキー（コミンテルン幹部会員）の名で送られた電報でしたが、休暇先でその知らせを受けたディミトロフは、その方針への「全面的支持」を表明したとのことです。明らかに、この電報は、スターリンの指示によるか、少なくともその承認のもとに送られたものでした。

この時は、選挙はまだ先のことでしたし、共産党は国会の現有勢力がまだ一〇議席という時点でしたから、政府参加を問題にする時期はまだ「熟していない」というのは、その限りではありうる意見でした。

その後、情勢はさらに発展します。一九三六年一月、「パン・平和・自由」をスローガンとする人民戦線綱領が発表され、人民戦線に参加した共産党、社会党、急進社会党の三党は、候補者の調整まででして五月総選挙に臨みました。選挙結果は、人民戦線は三七六議席（社会党一四七、急進社会党一一五、共産党七二、ほか四二）、右翼二二二議席で、人民戦線の大勝となりました。共産党は一〇議席から七二議席へ、得票も七九万票から一五〇万票への躍進でした。

時期は「熟していない」どころか、人民戦線政府の樹立は、いまや目前の現実の問題となり、フランス共産党の政府参加は、人民戦線の内外で当然のことと予想されていました。ところが、フランス共産党が選んだ選択は、「人民戦線政府を支持するが、入閣はしない」だったのです。

なぜ、こういう選択をしたのか。フランス共産党は、自分たちが取った行動の理由づけに長く苦労してきました。

トレーズには、『人民の子』という、トレーズ自身とフランス共産党の闘争史を描いた有名な著作があります。最初の版は一九三七年の発行で、それ以後何度も改訂版がだされていますが、一九五四年版では、入閣しなかった理由を、トレーズとデュクロ（フランス共産党の政治局員）が「共産党入閣は人民の敵に口実をあたえ人民戦線を弱めるから時宜にかなっていないと考えていた」と説明していました。

それが、六年後の一九六〇年版では、次のように改定されました。

「政府の問題が提起されていた。人民戦線の勝利と、選挙でのわが党の成功とに反映している大衆の圧力を目のあたりにして、私は、わが党が大胆であることを示し、たんに議会での〔政府〕支持という政策にとどまらず将来のブルム内閣［★］に党の人間を送りこむべしと主張した。だが政治局はこれとはちがう意見をもっていた」（一九七八年　大月書店　八三ページ）。

トレーズは一九六二年に死去しましたから、『人民の子』の最後の版・一九六〇年版でのこの記述が、トレーズによる最後の説明となりました。

★**ブルム**　フランス社会党の党首。ブルム内閣は、一九三六年六月四日に成立し、社会党から一七名、急進社会党から一三名、その他三名という構成になりました。

一九六〇年版でのこの書き換えは、経過の真相に一歩近づいたものでした。政府不参加がトレーズの意志ではなく、やむなくおこなわれた不本意な行動であったことが明記されたからです［★］。

問題は、政府不参加という態度を決めた決定的要素が、何よりもまずコミンテルンの決定だったという肝心の事実が、隠されていたことです。これは、一九五四年版にも一九六〇年版にも共通することでした。

一九三六年六月に現実に起こったのは、次のような経過でした。政府参加にたいしてフランス共産党のトレーズは、政府参加の態度をとろうとしましたが、これにたいし、五月一二日、ディミトロフが、「フランスの今日の情勢のもとで、共産党が政府に参加することは、原則にかなった態度ではなく、ご都合主義的なものだ。党が取るべき正確な立場は、政府に参加せず、人民戦線綱領の立場で右翼に反対し政府を支持することだ、と考える」との指示を送ったのです。

人民戦線綱領の実現を推進する立場に本気で立つというのなら、議会外の人民運動とともに政府の外から圧力をくわえるだけでなく、共産党自身が政府に参加して、そのことを政府内部でも主張しその努力をすることが、原理原則にかなっていることは、わざわざ論じるまでもないことでした。ディミトロフが、そこへ、あえて政府不参加という無理な方針を押しつけた背後には、もちろん、スターリンの明確な意思がありました。

★ トレーズ以後の説明　当時、フランス共産党でトレーズに次ぐリーダーとされていたデュクロは、一九三六年に政府不参加を決定した事情について、後年、次のようなより詳しい説明をしましたが、ここでも、コミンテルンの決定は隠されていました。

〝イ・トレーズは、政府参加を支持する意見をもっていた。

ロ．政治局［フランス共産党］の多くには、デュクロを含めて、参加へのためらいと留保があった。
ハ．政治局は、三六年五月一四日に、ブルムに、政府不参加の回答をした。
ニ．われわれの政府参加拒否は、人民戦線側の有権者の多くから、共産党が政府参加によって自分に降りかかってくる責任を拒否したものと受け取られた。デュクロ自身も、やがて、ためらった自分たちが間違っていたことを理解するようになった〟（一九六四年のC・ヴィラールとのインタビュー。平田好成『フランス人民戦線論史序説』一九七七年　法律文化社　による）。

こうして、人民戦線政府は、社会党と急進社会党だけの連立政府・ブルム内閣として成立し、共産党は閣外協力にとどまりました。この内閣は、三六年五月六月のゼネラル・ストライキに当たっては、労働者の要求を大幅に受け入れたマティニヨン協定の成立を助け、その成果の法制化でも役割を果たします。

しかし、秋ごろには早くも、人民戦線綱領に背を向けた右傾化の傾向を強く見せ始めました。すなわち、国内では、九月に勤労者を苦しめる平価切り下げを強行したのに続いて、三七年二月には人民戦線綱領の「休止」宣言を発しました。また対外関係では、スペインで反動派が反乱を起こし、ドイツとイタリアがその軍事援助に乗り出した時、フランスの「人民戦線」政府がいちはやく「不干渉」をとなえて、「反ファシズム」の旗を投げすててしまいました。

国内・国際どちらの問題も、政府の内部に人民戦線の立場を守って努力する党の存在が必要であったことを、痛感させる事態の進行でした。

なぜスターリンは、フランス共産党の人民戦線内閣への入閣を、ディミトロフにあくまで拒否させたのか。人民戦線の形成の経過から言っても、選挙にしめされたフランス国民の意思から言っても、共産党の政権参加は当然のことでしたし、他の諸政党もそう考えていました。その時に、共産党をあくまで閣外にとどめる必要はどこにあったのでしょうか。

その答えは、おそらくソ連の国家戦略――外交的利害のうちにありました。

スターリンが恐れていたフランスでファシズムが政権をにぎるという危険は、人民戦線運動の成功によって、当面、解消されました。スターリンは、その新しい段階をふまえて、世界情勢の今後のさまざまな変化のなかで、フランスの政府に共産党が参加することの是非を考えたのだと思います。

ソ連は、当時の時点では、侵略的なヒトラー・ドイツを包囲する国際的な戦線の構築をめざし、その立場からフランスがこの国際戦線の一翼をになうことを求めています。フランスにおける人民戦線政府の成立が、この目標から見て有利な条件になることは確かです。しかし、変転する国際情勢のなかでは、反ヒトラーの国際戦線の構築というソ連の外交路線自体がいつまでも固定的に続くものとは言えません。

私は、コミンテルン第七回大会の内容を検討した時に（第三章）、スターリンが、この大会で採択した人民戦線政策について、これを自分の名と結びつけない配慮をしたこと、それは、将来の路線転換の可能性を念頭に置いての配慮だったと推定されることを、指摘しました（第一巻一六九ページ）。

フランス共産党の政府参加問題でも、同じ配慮が働いたのではないでしょうか。実際、フランス共産党が入閣してフランス政府の行動に直接責任を負うところまで深入りしてしまったら、その三年後、ドイツとフランス、イギリスとの対立が戦争必至というところまで激化した一九三九年八月の時点で、ソ連がドイツ・ファシズムに対抗する立場からそれとの提携の立場に転身するような離れ業《わざ》は難しいことになり、スターリン外交の手を縛る結果となったでしょう。

三八年の政府危機のなかで

その二年後、ふたたびフランス共産党は同様の苦渋の選択を迫られることになりました。

三七年に入って、急進社会党内で人民戦線反対の潮流が強まり、六月にブルム内閣が崩壊、急進社会党のショータンを首相とする内閣に代わります。「人民戦線」内閣の形は残りますが、政策の右傾化はいよいよ激しくなりました。三八年一月には、そのショータン首相が連立与党から共産党を排除する意志を表明し、社会党がこれに抗議して閣僚を引き揚げたため、ショータン内閣は総辞職するという事態が起こりました（一月一〇日）。フランスの政治は、深刻な政治危機の局面に入りました。

国際情勢では、その直後の一月一二日～一三日、ドイツが、オーストリアの併合を強行し、ヒトラーの領土拡張計画がいよいよその発動の段階に入ったことを明らかにしました。

フランスの政局のなかでは、政府危機を解決するために、共産党を含むとともに人民戦線以外の政党にも枠を広げた「ユニオン・ナショナル（国民統一）内閣」をつくろうという構想も現われました。

この時、フランス共産党は、いよいよ政権参加を考えるべき時が来た、そこに足をふみださなければ、政権の右傾化はいよいよ進み、イギリス主導の対ヒトラー宥和《ゆうわ》政策がさらに重大化するとして、コミンテルンにその考えを伝えたのです。

しかし、三月一一日、コミンテルンの書記局から返ってきた指示は、〝フランス共産党は、内閣への参加を控えよ。しかし、政府がまだ形式的には人民戦線政府である限り、その政府を支持すべきだ〟という相変わらずのものでした。

こういうやりとりをしているあいだに、フランスの政治危機は、三八年三月一三日、ブルム第二次内閣の成立によって、一応の解決を見ましたが、まだフランス共産党参加の可能性は残されていました。

トレーズは、三月一八日、状況をより詳しく説明した、要旨次のような再度の電報をディミトロフに送ります。

〝フランスの政府危機のなかで問題にいまなっているのは、準ヒトラー的小政党を除く、すべての政党から構成される国民統一政府で、もちろん、そこには共産党も招請されるでしょう。人民戦線に属さない政党との協力には危険をもともないますが、われわれが入閣を拒否することは、諸勢力の国民的集中を掘り崩すか、そうでなければ、この集中を共産党ぬきの、あるいは共産党に反対するものとするでしょう。国がヒトラーの脅威に直面している現在、国民的集中の失敗は、フランスの危険を増大させ、戦争が起きた場合には敗北の危険にもつながります。一方、われわれが国民統一政府の形成という提案を受けいれることは、ヒトラーへの抵抗の力を強め、統一戦線の闘争をもより容易にします。回答を待っています。回答がない場合には、われわれは、それを、共産党の政府参加を是認したものと解釈します。否定的な回答の場合には、そのさいわれわれがとるべき戦術を教えてください〟。

ディミトロフは、三月一九日、この電報をスターリンに回し、そこに「あなたの助言と指示を待ちます」と書き添えました。結論は出していないものの、政権参加の方向にかなり傾いていたかとも見られる添え書きでした。しかし、スターリンと相談した後で、ディミトロフが三月二〇日、トレーズに送ったのは、政権参加を拒否せよという、次の電報でした。

「書記局は、国民統一政府への共産党の参加には反対である。現在の情勢のもとでは、入閣は、不可避的に党を妥協に導くことになるだろう。［入閣拒否の態度をとることから］もし問題が起きた時には、われわれはあなたがたが次の態度をとることを勧告する。

〝共産党は国民的統一の計画にも、その基礎の上に政府を形成することにも反対しない。しかし、われわれは、人民戦線の任務についての理解が他の諸党とは違っている。この政府は、ファシストを民族の裏切者として逮捕し、彼らの組織を粉砕し、労働者、農民、知識人の諸条件を真剣に改善し、反動分子やイギリスの保守党に引きずられないで、自身の反ファシスト政策を追求しなければならない。政府の任務についてのこの理解が他の諸党と一致しないかぎり、共産党の入閣は政府の隊列の分裂と国民的統一の崩壊をもたらすだろう。だから、共産党は政府への入閣を拒否するが、この政府が勤労大衆の現有の権利を犯さず、スペイン共和国に効果的な援助を与える用意があり、国防を強化し、外国のファシストの侵略に反対する一貫した政策を追求するかぎり、これを支持するものである〟。

書記局は、共産党のこの立場が変更されることがあるとすれば、それはファシストの侵略に反対する戦争の状態の時だけだ、と考えている。戦争の時には、共産党は、ファシズムに反対する国際民主主義の勢力を強化するために、国民的統一の政府に参加するだろう」。

こうして、フランス共産党は、この指示にしたがってブルム政府への参加を最終的に拒否したのです［★］。

★　三月一八日付のトレーズの手紙、三月一九日付のディミトロフからスターリンへの手紙、および三月二〇日の書記局の電報は、すべて『ディミトロフとスターリン　一九三四〜一九四三年』（エール大学出版部）によりました。『ディミトロフ日記』では三月一八日〜八月一五日が空白になっています。

この第二次ブルム内閣は、形は人民戦線型の政府として出発しましたが、議会内に安定した基盤を築けず、一カ月足らずで崩壊、人民戦線内閣は、これをもって終わりを告げました。

共産党の入閣は、政府危機のなかで、フランスの国民と政界に反ファシズムの新しい活力を与える最後の機会となったかもしれませんが、スターリンはその可能性に冷たい拒否回答を与えたのです。この時点では、入閣問題を考える最大のポイントは、トレーズの電報が率直にのべていたように、フランスに反ファシズムの姿勢のより強い内閣が成立することをめざすかどうかにありました。しかし、スターリンは、国際政治の上で、もはやフランス政府の性格には関心を持たない立場に到達していたのだと思います。

結局、四月一〇日、急進社会党総裁のダラディエを首班とする内閣が成立、共産党も国会で信任投票を投じましたが、この政府はイギリスと同調して対独宥和政策をとり、九月には同盟国チェコスロバキアをドイツに売り渡す「ミュンヘン協定」を結ぶに至ります。議会でこの協定の批准に反対したのは共産党だけでした。

やがて、ヒトラーが次の侵略の矛先をポーランドに向けていることは、だれの目にも明白になります。「ミュンヘン協定」にかけた融和の期待は簡単に吹きとばされて、ヨーロッパ情勢は、急速にヒトラー対フランス＝イギリス連合の軍事対決に向かって進んでゆきました。

コミンテルン書記局が、三八年三月二〇日の電報に、言い訳的な調子でつけくわえた条件――フランス共産党が国民統一政府に参加するのは〝ファシズムの侵略に反対する戦争が現実の問題になった時だけだ〟という条件が満たされる日が近づいているように見えました。しかし、この時、スターリンは、驚くべき政策転換を用意しており、フランス共産党は、いざ戦争の前夜を迎えた時、予想もしなかった深刻な危機に立たされることになるのです。

フランス共産党は、フランス国内では、人民戦線の提唱者、推進者として、一九三六年の人民戦線の勝利と政府樹立をかちとるうえで最大の役割を果たし、国際的な運動の中でも統一戦線運動、人民戦線運動に開拓者としての歴史的な貢献をした党です。しかし、その党が、人民戦線の勝利をかちとったあとは、スターリンの外交的打算から政府参加拒否という否定的な枠組みを押しつけられ、結局、一九三六年から三八年にかけてフランスの政治が右へ右へと後退・転落してゆくのを、事実上傍観せざるをえない立場に立たされ、その帰結として、三九年八月の危機に直面するに至ったのでした。三九年の危機そのものは、後章での研究課題となります。

二、スペイン内戦とスターリン戦略

次に、スペインの問題に目を移しましょう。

スペインでは、一九三六年二月、フランスに先んじて人民戦線が総選挙での勝利をかちとり、世界で最初の人民戦線政府が誕生しました。

これにたいして、七月に右翼・ファシズム勢力が反乱を起こし、内戦が始まったのです。この反乱をドイツ、イタリアのファシズム諸国が支援したのにたいし、人民戦線政府は、世界の反ファシズム勢力の支援を受け「国際旅団」の参加も得て力戦奮闘しますが、三九年三月、刀折れ矢尽きて事態はついに共和国崩壊に至りました。スペイン人民がドイツ、イタリアのファシズムに直接立ち向かったこの闘争にたいして、イギリスやフランスの西欧民主主義諸国が「中立・不干渉」と称して支援を拒否したなかで、ソ連だけがスペイン支援に踏み切ったことは、反ファシズムの国家としてのソ連の名誉ある旗印となったのでした。これが、スペイン内戦のごくあらましの歴史とされています。

しかし、この闘争にたいするソ連の介入は、〝スペイン人民の反ファシズム闘争への支援〟という一言で表現できるような単純なものではありませんでした。

人民戦線政府の成立とフランコの反乱

スペインの内戦の経過に入る前に、まずスペインの人民戦線とその政府の特徴にふれておきたいと思います。

スペインの人民戦線は、国会が解散されて、総選挙が迫る中で一九三六年一月にブルジョア的共和派と社会党、共産党など左翼諸党との協定で結成され、二月一六日の総選挙で勝利をかちとったのですが、その基礎をなす労働者の運動はスペイン独特の特質をもっていました。

スペインは、一九世紀に第一インタナショナルの指導権をマルクスと争ったバクーニン派が大衆的に根をおろしたヨーロッパで唯一の国で、二〇世紀の三〇年代にも、アナーキストの潮流が労働者運動で最大の勢力を占めていました。それに次ぐのが社会党で、共産党はアナーキスト派はもちろん、社会党にたいしてもかなり勢力は弱体でした。人民戦線が勝利した三六年二月の選挙でも、人民戦線の二七八議席のうち、社会党が八八議席を占めたのにたいし、共産党は一六議席でした（アナーキストは、選挙の投票には参加しましたが、公式の態度は「棄権」で、議席はゼロでした。人民戦線以外の勢力の議席は、中間諸党六七、右翼・ファシズム派一四〇でした［★］）。

★　スペインの三六年総選挙の結果　ここでは、カー『コミンテルンとスペイン内戦』（後出）の数字を採用しましたが、党派別の議席数は、文献によってまちまちで、人民戦線派が獲得した議席の総数でも二五三から二七八まであり、一致した数字が見当たりません。私が見た限りで一番詳細なのは、イギリスの歴史家ヒュー・トマスの『スペイン市民戦争』（一九六一年、日本語訳　Ⅰ・Ⅱ巻　一九六二年みすず書房）ですが、二回の投票の結果が記録されていて、その意味が不明なため、採用できませんでした。トマスによる議席数の記録は、次の通りです（同書Ⅰ八九～九〇ページ）

	第一回目の結果	第二回目の結果
人民戦線	二五六	二七八
	（内　社会党　八五、共産党一四）	（社会党九九、共産党一七）
右翼	一四三	一三四
中間派	五四	五五

とくにスペイン最大の工業中心地であるカタロニア地方では、アナーキストの力は圧倒的でした。ここには、特別な自治権をもった地方政府が存在しましたが、これは事実上アナーキストの政府でした。カタロニアでもう一つ注目されるのは、共産党から除名された人たちがつくった左翼反対派的な政党・マルクス主義統一労働者党（ＰＯＵＭ）が、やはりカタロニアを地盤の中心にしていたことです。この政党は統一戦線に公式に参加していましたが、共産党はこれを「トロツキスト」と呼んで、きびしい対立関係にありました［★］。

★ **〝トロツキスト〟** ＰＯＵＭを〝トロツキスト〟と呼ぶのは、政治路線の特徴づけとしても、正確な規定ではありませんでした。指導者のニンがトロツキーと交流を持っていたことは事実ですが、その政治路線は必ずしもトロツキーと同じではなく、両者の間では、スペイン革命の問題でも論争が交わされていました。

人民戦線政府は、二月一九日、総選挙の三日後に成立しました。

この政府は、左翼共和派の指導者アサーニャを首相とし、入閣は共和派の諸党だけという内閣でした。社会党は、一九三一年の共和制成立の初期に共和派との連立政権に参加したことを失敗として反省したことから、この時は、内閣に参加しないという態度をとったのです。こういう状況で、共産党の政府参加は問題にならず、人民戦線政府といっても、労働者運動を代表する政党はどこも入閣しないブルジョア共和派だけの内閣という、見るからに弱体な異例の出発となったのでした。五月にアサーニャが大統領に就任したため、キローガが後任の首相になりましたが、共和派だけの内閣という性格は変わりませんでした。

イギリスの現代史家Ｅ・Ｈ・カーは、この共和派内閣の政治について、著作『コミンテルンとスペイン内戦』（一九八一年執筆、邦訳一九八五年　岩波書店）［★］のなかで次のようなかなり厳しい評価をしていますが、おそらくこれは実情を的確に表現したものだったでしょう。

「人民戦線の選挙での勝利がスペイン左翼にもたらした陶酔感、盛りあがりつつある革命の波に対する信念はまったくの幻想だった。閣僚人事のわずかな入れ替えはあった。……事態は本質的に変らなかった。国会も政府も社会改革の綱領を遂行する、それどころか作成する権威も凝集力ももっていなかった。統一の内実は、民主共和制の価値に対する曖昧な信念以上のものではなかった。体制《レジーム》がわずかに実現したことは、ソ連との正式な外交関係の樹立くらいだった」（三六ページ）。

★　**Ｅ・Ｈ・カー『コミンテルンとスペイン内戦』**　この本は、カーが執筆した最後の著作で、一九八二年の彼の死後、八四年に出版されたものです。ソ連やコミンテルンの内部資料が公開される以前に執筆されたもので、その限界はありますが、彼がこの著作で提出した命題や判断で、その的確さが後の公開資料で裏付けられたものが少なくありません。その意味では、ソ連の干渉という角度からスペイン内戦史を研究するためには、今日でも価値ある研究書の一つをなしていると思います。

人民戦線政府のこの弱さをついて、右翼ファシズム勢力は、三六年七月一七日、共和制打倒を旗印に、フランコ将軍を頭にいただいて武装反乱に決起したのです。

モロッコの駐屯部隊が最初にあげた反乱の号砲には、スペイン本土の南部や西部の駐屯部隊がただちに呼応し、内戦は急速に全国規模に広がりました。フランコは、イタリアとドイツのファシズム諸国に軍事援助を求め、これに応じた両国からは、大量の武器がただちに送り込まれ、やがては空軍やイタリアの陸軍部隊までが公然と戦闘に参加するようになりました。

こうして人民戦線政府と内外のファシズムが正面から対決するスペイン内戦が開始されたのです。

「不干渉」政策。人民戦線政府への共産党の入閣

共和国の側では、内戦勃発とともに、キローガに代わって、同じ共和派のヒラールが首相になり、弱体な軍事力を補うために、労働者民兵に武器を提供するとともに、共和国防衛の「義勇兵」への参加を国民に訴え、必死で防衛の戦線を築きました。

しかし、ドイツとイタリアに援助されたフランコ軍に対抗するには、飛行機、大砲をはじめ武器が決定的に不足しています。ヒラール政府は、六月に成立したばかりのフランスの人民戦線政府・ブルム内閣に、まず軍事援助を要請しました。ところが、イギリス政府との協議の上で出した結論は、内戦へは「不干渉」ということで、切望した武器輸出は拒否されてしまったのです。それればかりか、フ

ランス政府は、内戦のどちらの側への軍事援助も禁じる「不干渉」政策をヨーロッパ諸国の共通政策とすることを計画しました。

これは、ファシズム諸国にたいする驚くべき宥和政策でした。スペインの共和国政府は、国民によって合法的に選出された民主的な政府です。国民を代表する政府として、どこからでも武器を購入する権利を持っています。「不干渉」政策は、この権利を否定するものでした。反乱軍のフランコ側は、ドイツとイタリアから大量の武器援助を受けているのに、合法政権である共和国政府の方は武器輸入の権利を奪われるわけですから、まったく無法な提唱でした。

ところが、フランス政府がこの構想を、八月初め、主要な関係諸国（イギリス、イタリア、ポルトガル、ドイツ、ソ連）に知らせると、ソ連までが原則的賛成の意思を表明し、八月中にフランス、イギリス、ドイツ、ソ連が相次いで武器、軍事品のスペイン輸出を禁止する措置をとります。九月九日には、ロンドンに「不干渉」原則の実施にかかわる「不干渉委員会」がつくられ、二七カ国が参加しました。ドイツとイタリアの政府はフランコ援助を実行しながら厚かましくもこれに参加しましたが、「委員会」は独伊両国の軍事援助にたいしては、これを禁止するどころか、どんな制限も課すことはできませんでした。ドイツ空軍の大部隊が、北部の小さな町ゲルニカに開戦以来最大規模の集中爆撃をくわえ、三〇〇〇人の住民の大部分を殺傷する惨劇を引き起こしたのも、この委員会が存続し活動しているさなかの出来事でした（三七年四月）［★］。

結局、「不干渉」とは共和国に好意をもつ国ぐにからの軍事援助を禁止する効果しかもたず、それ

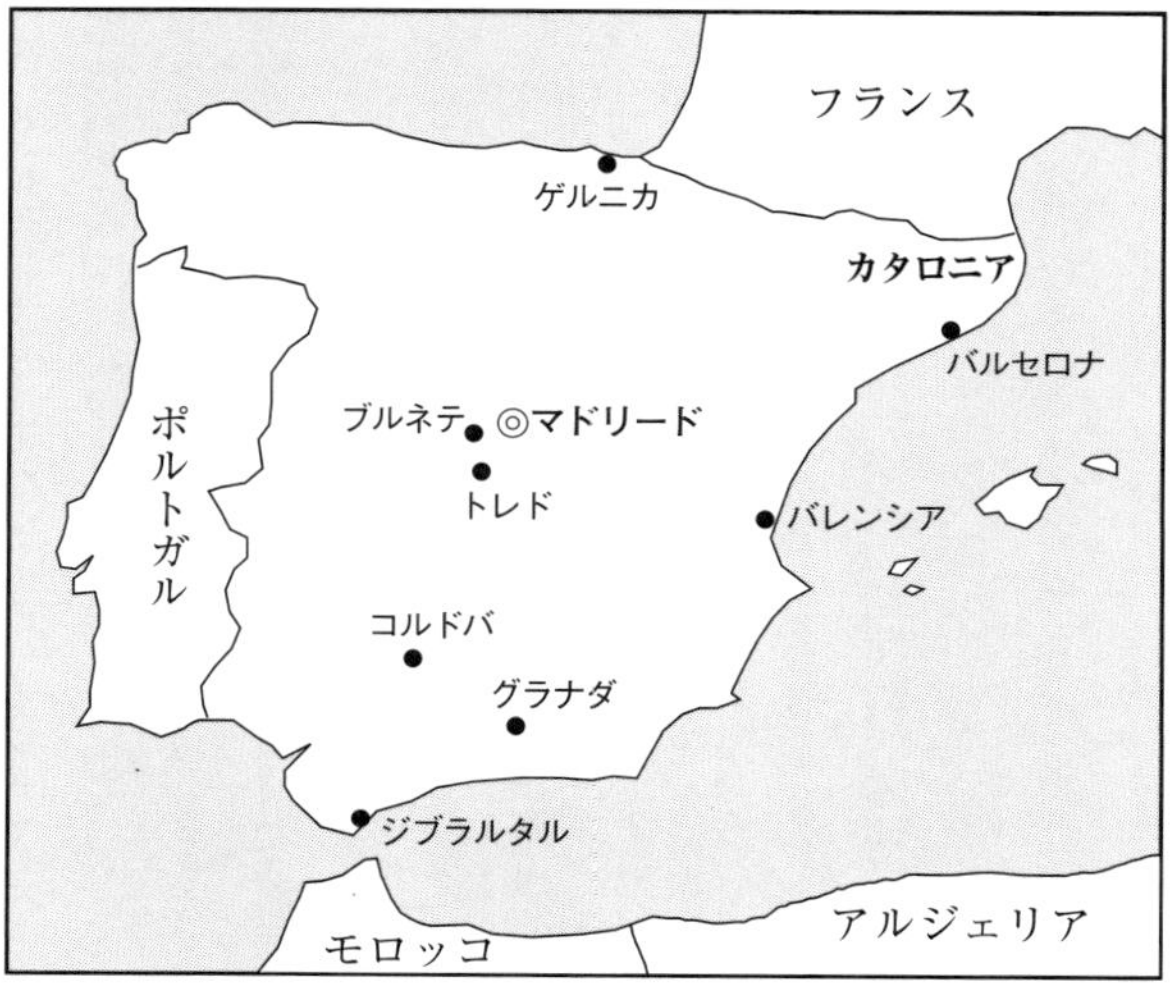

によって、フランコ側を援助する国際的役割しか果たさなかったのです。

★「**ゲルニカ**」　ピカソの名作「ゲルニカ」は、スペインを故郷とするピカソが、ファシズムへの怒りを込めて、この年の六月に完成させたものです。

なぜ、ソ連が、この無法な「不干渉政策」に賛成したのか。それとその後のスペインへの態度とは、どういう関係にあるのか。

スターリンがこの時期にとっていた外交戦略は、ヒトラー・ファシズムに対抗する国際的な連合戦線、なかでもヒトラーの侵略政策に共通の脅威を感じているはずの、イギリス、フランスなどの資本主義国との共同の戦線を築くことにありました。スペイン内戦が起きた時、おそらくスターリンがまず考えたことは、この事態をイギリス、フランスとの反ファシズム連合の契機として最大限に活用することだったと思います。その思惑が、フランス提唱の「不干渉政策」への支持となって現われたのでした。

同時に、スターリンは、スペインをめぐる情勢を観察・分析し、どのような目的と方針をもってスペイン内戦に介入してゆくかを、慎重に研究していました。

ディミトロフ『日記』には、直接ディミトロフがかかわり合っている限りでのごく断片的な記述ですが、介入方針の具体化のプロセスが次のように記録されています。

まず九月二日の政治局会議です。ここで、スペイン人民戦線政府へのスペイン共産党の参加が決まりました。

一九三六年九月二日
—クレムリンで政治局会議（モロトフ、カガノヴィチ、ウォロシロフ、オルジョニキーゼ）。
—スペイン政府の問題。次の指示をだすことで合意（スターリンとも電話で）。「ヒラール政権を国防政権に転換することをめざすこと。共和派多数でヒラール首班、社会党、共産党二人、カタロニアとバスクの代表も参加させる」。
支援の問題は政治局で追加的に討議する。

この決定には、その前後の次のようないきさつがありました。

内戦の勃発とともに首相が交代してヒラール内閣が成立したのですが、この内閣はフランコ軍との激しい闘争にたええない弱体さを早くも露呈していました。フランコ軍は、各戦線で政府軍の防衛線を打ち破って前進し、首都マドリードも彼らの砲撃圏内に入るようになってきたのです。緊迫した情勢の中で、〝より強力な国防政府を〟という声が人民戦線の内部で強まりました。

九月初め、コミンテルン書記局は、スペイン共産党のディアス書記長とコミンテルンから派遣されていた〝助言者〟コドビーリャ［★］との連名の報告を受け取りました。

★ **コドビーリャ** 人民戦線の勝利以前からスペインに送られていた〝助言者〟です（強力な権限を持ったオルグと言った方が適切でしょう）。三七年七月以後、トリアッチが交替してこの役目につきました。

この報告は、〝社会党左派のラルゴ・カバレロが「救国のための国民的政府」の樹立が必要になっているとして、政府の変革を問題にしている〟とし、〝それが実現した時にはスペイン共産党の参加が要請されるだろうし、コミンテルンがすでに承知しているように、政府への参加はわれわれの前からの主張であり、そのことが人民戦線に亀裂をもたらす危険がないなら、われわれは職務を持たない（無任所）大臣として政府に参加したい、至急回答を乞う〟、というものでした。

この要請を受けて開かれたのが、九月二日、政治局でのモロトフ、カガノヴィチ、ウォロシロフ、オルジョニキーゼとの会議でした。ここでの検討のうえ、電話でスターリンの同意をえて、コミンテルン書記局は、即日、ディアスに次のように返電しました。

〝われわれは、ヒラール政府を、ヒラールが首相を務めたまま、共和派の多数を結集する民族防衛政府に再組織することが望ましいと思う。その政府に、カタロニアとバスクの代表、社会党員二人（カバレロとプリエト）、共産党員二人が参加するのが適切だろう〟。

しかし、スペイン共産党からは、九月四日、ディアス書記長とコドビーリャに、当時スペインに一時的に入っていたフランス共産党のデュクロも加わった三人連名で、次のような返事が返ってきました。

〝努力したが、カバレロ政府の成立を避けることは不可能だった。われわれはヒラールが無任所で閣僚にとどまるようにする。……われわれは現在の政府危機を終わらせる努力をした。だれもが新政府への共産党の参加を強く主張しており、非常に危険な情勢が起きることを覚悟しない限り、それを避けることは不可能になった。われわれは、政府参加のため必要な手段をとるつもりだ〟。

ディミトロフは、このメッセージをスターリンに送り、その承認を得て、カバレロ内閣の成立とスペイン共産党の入閣に即日ゴー・サインを送りました。こうして、九月四日、ヒラール内閣からカバレロ内閣への交代が実現します。三六年二月以来の共和派の単独政権の時期が終わり、共和派、社会党、共産党が参加した人民戦線政府への転換がなしとげられ、スペイン共産党は、資本主義国で政権に参加した最初の共産党となりました［★］。

★　スペイン共産党の入閣問題についてのスペイン共産党、ディミトロフおよびスターリンの三者の間のやりとりの経過は、『ディミトロフとスターリン』（前出）によりました。

このやりとりの中で、スターリンが、ヒラールからカバレロへの首相交代には最初の返電で異論を表明したものの、共産党の政権参加そのものには最初から賛成したことは、フランスへの対応とは対照的なことで、注目される点です。この段階では、スペイン共産党の政権参加は、スターリンのスペイン戦略の展開にとって、必要な条件となっていました。

実際、共和派単独の内閣から共産党も参加した人民戦線政府のカバレロ内閣への政権交代は、スターリンにとっては、スペイン内戦に介入する新しい舞台装置が成立したことを意味したのです。

軍事援助の開始。最初は「密輸方式」で

次は、直接の軍事援助の問題です。この問題での『日記』の記述は次の通りです。

八月二八日

―政治局の会議。

―スペイン支援問題（国際部隊の編成の可能性について）。……

九月一四日

―クレムリンで。

（モロトフ、カガノヴィチ、アンドレエフ、ヤゴダ、スルツキー、モスクヴィン、ウリツキー）。

―スペイン援助の組織（密輸方式で）。……

―フランス：われわれはブルム政権を打倒しようとしているのではなく、ブルムを批判しているのだ（彼の不干渉発言、「いかなる国も干渉しない」）。

―ソ連政府の立場とフランス共産党の立場とが一致している必要はない！

―統一戦線をめぐる諸困難。このことから統一戦線政策は非生産的だといってよいか？

（モロトフ：「その答えは大会でのあなた［ディミトロフ］の報告の中にある」）。


『日記』の記述は、すでに八月二八日の政治局会議で、国際義勇軍の編成の問題の討議が始まっていたこと、九月一四日の会議では、武器や軍需品の援助をどういう方式でおこなうかの議論が始まっていたことを、示しています。とくに九月一四日に政治局でおこなわれた会議は、出席メンバーから見ると、なかなか深い意味をもつ会議でした。

『日記』にはソ連側の出席者しか出ていませんが、モロトフとカガノヴィチは政治局員、アンドレエフは政治局員候補ですが、他は、モスクヴィンを除くと、ヤゴダがＮＫＶＤ（内務人民委員部）の長官、スルツキーは同じくＮＫＶＤの外事局長、ウリツキーは赤軍参謀本部に属する将軍で、赤軍諜報部を代表しスペインへの軍事援助を担当することになる人物です。モスクヴィンも、現職はコミンテルンの書記局員ですが、すでに見たように、ＮＫＶＤ系列に属する人物でした（第三章〈第一巻一八四ページ〉参照）。こういう面々がスペイン問題を検討する政治局レベルの会議に顔をそろえたのは、スターリンの今後のスペイン政策の性格を強く暗示することでした。コミンテルン側からは、ディミトロフ、それからフランス共産党のトレーズも参加していました。

武器援助の問題は、イギリスやフランスが「不干渉」の方針を決め、その実施のための国際委員会にソ連が参加している以上、ソ連側からの援助は、この枠組みと矛盾しない形態を見いださなければなりません。そのために、武器や軍需品の援助は、当面は、ソ連からスペインへの公式の輸出ではなく、いっさいソ連の名前を表に出さない「密輸方式」でおこなうことにしたのです。この「密輸貿易」はNKVDの責任事項とされ、その一切の段取りがNKVDの手で整えられました。

実は、スペイン援助問題では、フランス共産党とソ連の外交政策との間に若干の摩擦があったのです。フランス共産党が、ブルム政権の「不干渉」政策をきびしく批判している最中に、こともあろうにソ連が「不干渉」連合に参加したのですから。

八月三〇日の『日記』には、この問題で、ソ連大使館がフランス共産党に圧力をかけようとしたと言って、トレーズがコミンテルンに抗議の電報を打ってきたことが記録されています。九月一四日の政治局での会議の中で、フランス問題で意見が交わされ、「ソ連政府の立場とフランス共産党の立場とが一致している必要はない！」という結論が出されたのは、この問題にかかわっての話でした。ソ連が「不干渉」ではなく、実際の行動で武器援助に取り組みつつあることを知ったことにくわえて、ソ連の「不干渉」政策にフランス共産党まで同調させようとしたソ連大使館筋の誤りもはっきりしたので、トレーズもディミトロフも安心したのでしょう。この確認に「！」をつけたあたりには、その気分がよく現われています。

その後、ソ連は、一〇月七日の不干渉委員会の会議で、「いくつかの協定参加国」（ドイツとイタリア、ポルトガルを指す）が「不干渉協定」を反乱軍への軍事援助の煙幕としている現状をあらためてきびしく批判し、この軍事援助がただちに停止されないならば、「わが国は協定の義務に拘束されないものとみなす」という声明を発表して、スペインへの公然たる軍事援助を開始することを宣言しました。これで、武器や軍需品の援助にかんする限り、「不干渉」の枠は外されたわけですが、それまでの期間は、すべての援助が「密輸方式」でスペインに送られたのでした［★］。

★ ソ連の「援助」の性格　ソ連がスペインにおこなった「援助」は、密輸分と公式の輸出分を含めて、対価なしの援助ではなく、すべて代価を要求する輸出でした。武器援助の総体については、軍用飛行機八〇六機、戦車三六二台、装甲自動車一二〇台、大砲一五五五門という数字がありますが（斉藤孝編『スペイン・ポルトガル現代史』山川出版社　一九七九年）、これはすべてソ連がスペイン共和国に売ったもので、その代価には、スペイン政府がスイスの銀行に預託していた巨額の金が充てられるとされました。その金をソ連に運び込む仕事も、ＮＫＶＤの特別部隊が担当しました。

軍事援助のもう一つの重要な形態は、世界各国からの義勇兵の派遣でした。これは、各国の共産党やスペイン支援組織が中心になって呼びかけをおこなって徴募したもので、こうして編成された「国際旅団」には、亡命者をはじめソ連在住の各国共産党員も大量に参加し、その中核となりました。ただ、この「国際旅団」へのロシア人の参加は許されませんでした。実際には、とくに幹部クラスには、ソ連の軍人や軍経験者が相当数いましたが、みな実際の国籍や経歴を隠して参加していました。政府軍で活動するスペイン人の中でも、ソ連での亡命経験を隠すものが多かったようです［★1］。それは、ソ連の軍事介入という批判の余地を残さないためでした。

この義勇兵運動には、共産党員だけでなく、さまざまな人々が、反ファシズムと国際連帯の熱情に燃え、身をていして共和国防衛の戦いに参加しました［★2］。国内戦の後方の政治舞台や軍の上部の指揮体制などには、これから検討してゆく多くの問題がありましたが、それだけになおさら、「国際旅団」に参加した戦士たちの前線での奮闘が、三〇年代の世界の反ファシズム闘争のもっとも輝かしいページをなすものだったことは、声を大にして強調しておきたいと思います。

★1　**「じつに嘘の多い世界」**　ヘミングウェイ『誰がために鐘は鳴る』は、スペイン内戦を舞台にした有名な小説ですが、国際旅団に参加したアメリカ人義勇兵（主人公）の感想として、この問題をかなり的確に描き出し、「じつに嘘の多い世界」という言葉で表現しています。主人公は、マドリードのホテル「ゲイロード」で何人かのスペイン人の将校と会い、やがて彼らのほんとうの経歴を知ってショックをうけるのです。

「ゲイロードといえば、戦争の初期に、これといった軍事上の素養もないのに民衆のあいだから武器をとっておどり出た何人かの有名な労農スペイン人の将官たちと会い、その連中の大部分がロシア語を話せることをはじめて知ったのも、あそこだった。その事実は、数カ月前の彼にとっては、最初の大きな幻滅だったし、それについて自嘲《じちょう》的な気分になりかけたものだった。だが、そうなった事情がわかってみると、それは、あたりまえのことだった。彼らは、かつては農民であり労働者だった。一九三四年の革命［＊］のときに活躍し、その失敗とともに国外へ亡命しなければならなかった。そしてロシアで、コミンテルンの経営する軍官学校やレーニン研究所に入れられ、きたるべき闘争の準備をし、軍の指揮者として必要な軍事的教育をうけてきたのだ。

彼らを、かの地で教育したのは、コミンテルンだ。革命のさいには、自分を助けてくれる外部のものにたいしても、また案外いろんな情報を知っているものにたいしても、気をゆるすことができない。彼は、そうしたことを学んだ。もし、あることが根本的に正しいなら、嘘《うそ》をつくことは、すこしも問題にはならないと、そこでは考えられていた。それにしても、じつに嘘の多い世界だった」（新潮文庫版・下一三〜一四ページ）。

＊　一九三四年一〇月、右翼政府に反対した労働者の革命闘争で、「十月革命」とか「十月闘争」と呼ばれました。この闘争では、共産党、社会党、アナーキスト派の三つの潮流が共同の闘いを展開しました。

★2　**「国際旅団」に参加した日本人**　国際旅団に参加した義勇兵のなかに、一人の日本人がいたことが記録されています。北海道出身のジャック・白井（一九〇〇頃〜三七年）で、若いころ船員生活を経て渡米し、ニューヨークでレストラン従業員として働き、アメリカでの義勇兵募集に参加、一九三七年一月早々にスペインに入り、第一五国際旅団「リンカーン大隊」に属する戦士として活動し、同年七月、マドリード西郊のブルネテの戦闘（後出、本巻一二九ページ）で戦死しました。東京・青山の無名戦士の墓に合葬されています（一九六六年三月）。アメリカの作家スティーブ・ネルンソンは、同じ「リンカーン大隊」で戦った同志で、彼のスペイン参戦記『義勇兵』（一九五二年、邦訳・新日本文庫　一九七五年）にも、「銃を持つコック」白井の活動が描き出されています。なお、ジャック・白井については、石垣綾子『スペインで戦った日本人』（一九八九年　朝日文庫。なお、これは以前に立風書房から刊行された『オリーブの墓標――スペイン戦争と一人の日本人』〈七〇年〉、『スペインに死す』〈七六年〉を改題したもの）、川成洋《かわなりよう》『スペイン戦争――ジャック白井と国際旅団』（一九八九年　朝日新聞社）があります。

早くも顔を出した覇権主義の野望

スターリンがスペイン内戦介入に踏み切った背景には、反ファシズムの立場から、スペインの人民戦線政府を援助するということだけにはとどまらない意図がありました。スペインの政権をその支配下におきソ連の勢力圏に組み込むという大国主義、覇権主義の野望が、早くも顔を出したのです。第二次世界大戦後によく使われるようになった言葉でいえば、人民戦線のスペインをソ連の最初の〝衛星国〟にすることでした。

スペインの共産党は、ヨーロッパの党のなかでも政治的に弱体な党で、そのために以前からコミンテルンの常駐の援助者コドビーリャとダーレムらを置いていた状態でしたが［★］、スターリンは、ソ連がスペインの唯一の援助国となったという特別の状況を活用すれば、この目的を達成できる可能性は十分にあるという計算をしたのだと思います。

★　コドビーリャは、党指導部を援助するのではなく、事実上、コミンテルンの権威で党を牛耳る最高指導者（「ボス」）としてふるまっていました（本巻九二ページの注も参照）。三七年七月に彼の後任としてスペインに派遣されたトリアッチは、彼の「ボス」ぶりと、それがいかに情勢判断や方針を誤らせてきたかについて、痛烈な批判の報告をコミンテルンに送っています。一九三七年八月三〇日の報告、同九月一五日の報告（前出E・H・カー『コミンテルンとスペイン内戦』「注解B」所収）。

その目的のために、スターリンは、援助の開始とほぼ同じ時期に、戦争の技術指導のための軍事顧問団をはじめ、各分野で内密に活動する部隊や幹部を計画的にスペインに送り込みました。これらの部隊のうち、軍事顧問団だけは、後にスターリンがカバレロ首相宛の書簡（一九三六年一二月二一日付）［★1］に書いたように、カバレロからの「度重なる要望に応えて」送ったものでしたが、その軍事顧問団をふくめ、これらの部隊や幹部はいっさい表舞台に姿を現わさないのが原則でした。なかでも、特別に重要な意味をもったのは、オルロフを責任者とするＮＫＶＤ（内務人民委員部）の部隊です。これは、武器密輸や資金輸送ではなく、スペインの警察機構に入り込んで、スペイン国内でＮＫＶＤ本来の任務を果たす秘密警察の体制をつくりあげるという任務をあたえられたものでした［★

2」。

★1 **スターリンの書簡** この書簡は、スターリン、モロトフ、ウォロシロフの連名のもので、本文では人民戦線政府の政策に対するスターリンの四項目の「助言」がのべられています。E・H・カーの前掲書に「注解A」として収録（一六一～一六七ページ）。

★2 **スペインでのNKVDの活動** スペイン内戦中のNKVDの活動については、当時、NKVDの駐西欧諜報機関長だったクリヴィツキーの『スターリン時代――ソビエト諜報機関長の記録』（一九三九年、邦訳・一九六二年 みすず書房）の「第三章 スターリンのスペイン内戦干渉」にかなり包括的な記録があります。その記録は、多くの点で、ソ連の機密資料で明らかになったものと合致しており、かなり信頼性の高い報告だと思います。クリヴィツキーは、同僚が暗殺されたのを知って、三七年一〇月、スターリンおよびNKVDとの決別を決意してパリで亡命しましたが、回想記を執筆・刊行した後、四一年二月、ワシントンで暗殺されました。

またNKVDのスペインでの活動の責任者だったオルロフは、一九三八年に亡命しましたが、スペインでの活動については、終生、沈黙を守ったということです。

軍事顧問団にしても、スターリンは、カバレロ首相宛のさきの書簡の中では、ソ連から送られる「一連の軍事指導員」は、外国人として、自分たちが「顧問の役割、顧問のみの役割にあくまで徹して初めて、真に役立ちうることをつねに想起すべき」であることを強調しましたが、現実に彼らが果たす役割が、そのような控え目なものでなかったことは、要請したカバレロ自身があとあと痛感することになります。

マドリード防衛戦の大逆転

ソ連が援助を開始したのは、スペイン共和国が最大の危機を迎えたまさにその時でした。フランコ軍の猛攻で首都マドリードの陥落は必至とされ、共和国政府も首都の防衛は困難と判断して東海岸の中心都市バレンシアに移転しました。その危機的な瞬間に、マドリード防衛の前線に、「国際旅団」とともにソ連が供給した戦車や飛行機が登場し、だれも予想しなかった戦局の大逆転をひきおこしたのです。E・H・カーは、その瞬間の劇的な状況を、次のように描き出しています。

「一〇月末にフランコがマドリード総攻撃を開始すると、内戦最初の一大危機が訪れた。首都の威信は大きく、それが陥落したらフランコ政府を正式に承認すると独・伊政府は約束した。ナショナリスト軍［★1］が徐々に接近すると、共和国側はパニックのような状況になった。一一月四日には、アナーキストがボイコット政策を再検討して、CNT［労働全国連合］組合員四名を入閣させた――下部には怒りの抵抗もなくはなかったが。ロシア内戦の先例がたえず引き合いに出され、当時マドリードで上映されていたソ連映画『チャパーエフ』［★2］を観に人々が群がり、内戦の英雄の手柄を讃えた。

とはいえ、マドリードの政府はもはや危険で、維持できない情勢であった。大統領アサーニャはバルセロナに退去した。ラルゴ・カバレロと他の閣僚は、複雑なカタロニアの政治に巻き込まれたくなかったので、バレンシアへの政府移転を準備し、一一月六日に実施した。この政府移転はしかし、軍事作戦上の転換点と一致した。ソ連の戦車、飛行機が初めて戦場に現われ、ナショナリスト側の独・伊のそれを圧倒した。今度は攻撃側がひるみ始めた。一一月六日、ドイツ人、フランス人、ポーランド人大隊に他国人の混成部隊も加えた国際旅団が『クレーベル将軍』［★3］指揮のもと、人々の歓呼を受けてマドリード市内を行進し、初めて前線の陣地へ向った。月末までにマドリード総攻撃はやんだ。国際旅団は二〇〇〇名足らずだったが、攻撃を撃退する上での役割はソ連の戦車よりも際立ったものとされ、神話化された。世界の労働者が共和国を救ったというわけである。この時点でもなお、ソ連当局は自国の軍事援助の問題については沈黙を守っていた。コリツォフ［★4］は日記で当時の出来事を詳しく描いているが、ソ連の戦車や飛行機には言及していない。マルティはマドリードを『民主主義のヴェルダン』［★5］と呼んだ。国際旅団に参加してスペイン共和国防衛のために闘った義勇兵は、翌年には五九カ国三万五〇〇〇名を数えたといわれた。

スペイン内戦はヨーロッパの国際緊張を高めた。それは西欧諸国でヒトラーとムソリーニの侵略計画についての認識を広げ、とくに左翼の世界に、スペイン政府だけでなく、そうした認識を共有するソ連に対する共感の波を引き起した。この共通の関心をもつという気持が、ソ連の粛清裁判が呼び起した恐怖と当惑をおおい隠した」（前掲書六四～六六ページ）。

★1　**ナショナリスト**　フランコ派の右翼・ファシズム勢力のこと。

★2　**チャパーエフ**　貧農出身の軍人。十月革命後の内戦期の赤軍の狙撃師団を組織してコルチャックらの反革命軍を撃破して国内戦の英雄として讃えられた人物です（一九一九年戦死）。作家フールマノフが小説『チャパーエフ』を一九二三年に発表、一九三四年には映画『チャパーエフ』が製作されて、三五年のモスクワ映画祭で銀賞を得たところでした。

★3　**「クレーベル将軍」**　マドリードを防衛した国際旅団の指導者。当時、オーストリア生まれで、第一次大戦中にロシア軍の捕虜となり、革命後、最初は反革命軍にくわわったが、やがてボリシェビキ派に転向し、その後カナダに帰化して、そこから義勇軍に加わったという数奇な経歴をもっているとされました。しかし、それは、国際旅団参加のためにつくられた偽装の経歴でした。現在では、クレーベルは、ルーマニアのブゴヴィナの生まれで、十月革命後、ボリシェビキ党に入党、その立場で国内戦を戦い、フルンゼ陸軍大学を卒業して、赤軍参謀本部で活動してきた、れっきとしたソ連の軍人だったことが明らかになっています。

ヘミングウェイが特徴づけた「じつに嘘の多い世界」を代表する人物の一人でした。

★4　**コリツォフ**　「プラウダ」のスペイン特派員。「プラウダ」に「スペイン日記」を連載し、それは一九三八年に著作『スペイン日記』（邦訳・一九八七年　三友社出版）にまとめられました。コリツォフの派遣は、三六年八月一一日のソ連共産党政治局会議で決定された特派員派遣第一号で、第二号が、八月一九日のイリア・エレンブルクの派遣決定でした。ソ連が、ただの新聞特派員ではなく、刻々のスペイン情勢を判断するための広範な情報収集を期待していたことがうかがわれます。

★5　ヴェルダン　第一次世界大戦でドイツ軍の攻勢を防いだフランスの要塞。

ソ連介入後。軍の指導権問題とカバレロ政権

スペインの政権を支配下におくために、スターリンが最初に手をつけたのは、軍隊と警察をにぎることでした。国家権力の根幹をなす軍隊と警察の指導権を手中にすれば、首相が社会党のカバレロで、主要閣僚も社会党と共和派が占めているという状態でも、共産党の二名の閣僚を通じて、政権を牛耳ることができるという作戦でした。

ソ連の軍事援助のもとで、フランコ軍のマドリード総攻撃の撃退に成功したことは、スペインの政府と軍の内部ではソ連軍事顧問団の権威を圧倒的に強めました。さらに、「国際旅団」や共産党が独自に編成した「第五連隊」が戦線でめざましい活躍をしたことは、内戦以前には人民戦線内でも目立たない存在だったスペイン共産党の人気を高め、その党勢と政治的影響力を急速に増大させました。

この事情を背景に、ソ連顧問団は、「戦争に勝つ」ためとの建前で、提供した戦車や飛行機、大砲などを扱う技術的な教育・訓練といった分野だけでなく、各戦線への兵力配置や作戦計画、さらには軍の幹部の戦線配置、軍の組織へのソ連式体系のもちこみなど、あらゆる問題に介入を始めました。なかでも、とりわけ重大な意義をもったのは、軍隊の政治的意思統一が必要だということで、全部隊に政治委員（コミッサール）をおくというソ連方式を導入したことです。そして、政治委員の主要部

分を〝政治的立場がしっかりしている〟共産党員が占めることになったのです。こうして、国家権力の基幹をなす軍隊の中で、スペイン共産党が絶大な勢力をもつようになってゆきました。

カバレロは、首相と同時に国防相を兼任しており、軍の最高責任者でした。それだけに、最初の時期は、マドリード攻防戦の成果はソ連の援助によるものだと大いに感謝していましたが、その後、ソ連顧問団の介入と共産党の影響力拡大で、政府の軍権の基礎がむしばまれてゆくことには我慢できず、カバレロとソ連顧問団および共産党との間の緊張が強まってゆきました。

三七年二月、「国際旅団」の指導にあたっていたアンドレ・マルティ［★］がモスクワに帰ってきます（二月二七日）。ブハーリン問題のあの中央委員会総会（二月二三日～三月四日）の最中でした（第一巻二七二～二七五ページ参照）。総会後の三月七日、ディミトロフは、マルティからスペインの状況の報告を聞き、三月一二日の夜には、マヌイルスキーとともに、マルティ、トリアッチ、アメリカ共産党のフォスター（コミンテルン幹部会員）と会合をもちます。そこで、カバレロ政府に対する態度の問題も、いろいろ議論され、スペイン現地からはカバレロ解任論も提起されていたものと想定されます。

★ **アンドレ・マルティ**　フランス共産党の政治局員でコミンテルン執行委員会幹部会員。戦後、分派闘争の罪を問われ、一九五三年に党を除名されました。

これに続いて、三月一四日、政治局で、スターリンも加わった討論がおこなわれました。

ディミトロフ『日記』によると、ここでのスターリンの発言は、次のようなものでした。

一九三七年三月一四日

—夜クレムリンで（政治局）。

スターリン、ウォロシロフ、モロトフ（後からカガノヴィチ）。

—マルティ、エルコリ［トリアッチ］とともに。

—スペイン情勢について討論。

—共産党と社会党が合同して一つの社会主義労働者党をつくる。（もし社会党がそう主張するなら、合同した党はコミンテルンに入らないが、第二インタナショナルにも入らないことが必要だ）。

—スローガン「奴らを通すな！」（ノー・パサラン）［★1］は、抵抗（レジスタンス）のスローガンだ！

（必要なのは攻勢的なスローガンだ！）

—カバレロを打倒する必要はない！

（政府の首相として彼以上に適任の人物はいない）。

—カバレロには、国防相のポストをやめさせる（誰か別の人を最高司令官に任命する）。

—再建が進めば、共産党はより多数の閣僚を政府に送れるようになる。

—外国人の部隊をスペインから撤退させる、という決定がおこなわれた時には［★2］、国際旅団が解散し、後方で生産労働者などとして活動する。

――［義勇兵の］募集は継続する。

（特別カタロニア国際旅団）。

（スターリン、一九三七年三月一六日に彼の別荘で集まろうと提案）。

★1「**奴らを通すな！**」（**ノー・パサラン**）　これは、フランコが反乱を起こした翌日七月一八日の夜、スペイン共産党の女性指導者ドロレス・イバルリがマドリード放送局からスペイン国民に訴えた呼びかけのなかで、叫んだスローガンで、たちまちのうちにスペインの反ファシズム闘争のスローガンとなったものです。

スターリンは、このスローガンは受け身で消極的だと受け取ったようで、もっと「攻勢的」なスローガンを、と注文をつけたわけです。ある報告によると、三七年のメーデーでは、スローガンが早くも「われわれは突破する（パサレーモス）」という〝攻勢的〟スローガンに変わっていたと言います。

★2　**撤退の決定**　ロンドンの「不干渉委員会」でそういう決定がおこなわれた場合、という意味です。

スターリンが冒頭で述べている共産党、社会党の合同の問題は、スペイン共産党が早くから提唱してきた問題でした。その提唱はまず、内戦の勃発直後にカタロニアで結実を見ました。共産党、社会党に、それ以外の二つの社会主義組織も加わって、合同政党・カタロニア統一社会党（ＰＳＵＣ）が誕生し、コミンテルンに加盟したのです［★］。しかし、カタロニアでの合同の成りゆきを見て、社会党側は警戒心を強め、全国的な合同の交渉には、それ以上の進展はなかったのです。

★　E・H・カーは、カタロニアでの合同政党の誕生は、「カタロニアに堅固な足場を築くことがまったくできずにいた」共産党が、やがて「異論派集団」であるPOUM（マルクス主義統一労働者党）を圧倒する力をもつ転機となり、PSUCの「おかげで初めてカタロニアに強固な基盤を獲得した」と評価しています（前掲書七〇ページ）。

スターリンの発言の中心問題はカバレロ首相をどう評価するか、という点にありました。この発言は、一見すると、カバレロを評価しているように聞こえますが、それは、紛争の焦点である軍との関係については、カバレロを国防相のポストから外せ、という条件付きの評価です。さらにそれ以上に強い印象を受けるのは、スターリンが、まるで自分の手中にある組織の首のすげかえの是非を問題にするかのような調子で、スペインの政府のあり方について語っていることで、カバレロが国防相退任を拒否したら、すぐにも政権交代論に転化することを予想させるものでした。

カタロニアをいかにして制圧するか

スターリンが、スペインの実質的な権力掌握という目標をやり遂げるためには、解決すべきもう一つの大きな問題がありました。それは、アナーキストの支配のもと、事実上中央政府の統制の外に

〝独立共和国〟的な状態にあるカタロニアを制圧することでした。

アナーキストは、労働者の多数の支持を基盤に、カタロニア政府をも支配し、人民戦線の勝利と内戦開始以後は、「集産主義」［★］的な社会革命を実行して、カタロニアの全体を、アナーキスト的な意味での一種の〝革命地帯〟に変えていました。そして、この地方は、スペイン共産党が〝トロツキスト〟と呼ぶ異端派・POUMの根拠地ともなっていました。この党は人民戦線に参加していましたが、社会主義革命の推進を当面の課題とする点では、アナーキストと共通の立場に立っていたのです。

★ **集産主義**　本来は生産手段の社会的所有をあらわし、社会主義・共産主義に近い言葉ですが、バクーニンなどの無政府主義者がこのんで使ったので、やがて、無政府主義の主張をあらわす言葉となりました。

スターリンが、この問題の解決のためにとった方針は、アナーキストとは切り離して、まずPOUMに主要な攻撃の矛先を向け、ソ連でとったのと同じスターリン的なやり方、つまり、彼らに「反革命・親ファシズム勢力」というレッテルをはりつけて排除・粉砕する、その次の段階でアナーキスト問題の解決を図るという、段階的な政治戦略でした。そして、この政治戦略を支える実行部隊として、スターリンは、スペインに送りこんだオルロフ指揮下のNKVD部隊を最大限に活用しました。

アナーキストとPOUMとを切り離すという問題では、三六年一一月、マドリードに危機が迫るなか、重要な変化が起こりました。アナーキストが、それまでの政治的中立の態度を変えて、人民戦線政府支持の立場を明確にし、ＣＮＴ（労働全国連合）から四人の閣僚を送るようになったのです（本章の「マドリード防衛戦の大逆転」（本巻一〇三ページ参照）。そして、アナーキストのもっとも著名な指導者の一人、ブエナベントゥラ・ドゥルティが軍団を率いてマドリード防衛戦に参加するという、これまでの予想を超えた事態まで起こりました。

一方、ソ連では、三六年八月のジノビエフらへの裁判から三七年一月のピャタコフ、ラデックへの裁判へと、〝粛清〟裁判が段階的に進み、トロツキーがヒトラー・ドイツなどとの密約のもと、旧反対派を総結集してソ連の指導者の暗殺を計画・実行したというスターリン製のシナリオが、いよいよその全貌を現わしつつありました。

第四章で見たように（第一巻二一三～二一四ページ）、スターリンがそのシナリオの決定版を初めて明らかにしたのは、三七年一月二三日～三〇日のピャタコフ、ラデック裁判でした。裁判の前に主要な被告の自白調書を読まされたディミトロフらは、裁判が始まる前に、各国の党にその内容を知らせ、しかるべきキャンペーンをおこなうよう連絡します。この時、ディミトロフがスペインの党指導部宛に打った電報は、たんなる一般的なキャンペーンの連絡ではなく、ＰＯＵＭを名指ししての、次のような闘争指令でした。

「一九三七年一月二一日　一七時

スペイン

ディアス、ルイス［コドビーリャ］、ペドロ［★1］へ
ピャタコフとその仲間の裁判をＰＯＵＭの政治的な解体に利用せよ。この組織の活動分子からトロツキーのテロリスト一派を非難する声明を出させる努力をせよ。

書記Ｇ・Ｄ」［★2］

★1　**ペドロ**　コミンテルン派遣の指導員で、ハンガリー共産党員。第二次大戦後、ハンガリー政府の閣僚となりました。ディアスとコドビーリャについては、本巻九二、一〇一ページを参照。

★2　署名のＧ・Ｄはディミトロフのこと（ゲオルギー・ディミトロフ）。『門内の敵？　コミンテルンとスターリン主義の弾圧　一九三四〜一九三九年』（二〇〇一年　エール大学出版部）による（この本については、第一巻二七二ページの注を参照）。

「政治的な解体」ということは、言葉の意味としては、モスクワで実施された物理的な抹殺ということまで意味するものではありませんが、ピャタコフ裁判を利用せよということは、そこで〝証明〟されたこと――トロツキストがファシストの手先であり、その邪悪な目的を達成するためには、どんな手段も辞さない最悪の危険分子だという認定を最大限に利用し、ＰＯＵＭの中心幹部に同じ非難をぶつけて、これを解体させてしまえ、ということです。

それまでにもスペイン共産党は、ＰＯＵＭに対して、反ファシズム戦争のただなかで社会主義革命論をとなえ、その線にそった措置を要求することは、国民的統一を撹乱《かくらん》し、客観的にはフランコ軍を

利する有害な利敵行為になるという政治的告発は大いにやっていました。コミンテルンは、もはやその段階にとどまるべきではない、POUMをドイツのファシズムやフランコ軍に直接内通したスペイン人民の敵として告発し、POUMとの闘争をファシズムの手先を粉砕する闘争としてやり抜く、こういう質的に異なる段階に発展させろ、ということを指令したのです。この「政治的解体」論は、ちょっとしたきっかけがあれば、スターリンがソ連で実行しつつある物理的抹殺論に、すぐにも転化する性格をもっていました。

カタロニア制圧作戦の大きな方向が、ここで打ち出されたのです。

ただ、この指令の話は、『日記』には登場してきません。指令電報が打たれた前の日、一月二〇日のところに、書記局の会議の話があり、そこで議論された一項目に、「ピャタコフ、ラデックその他の裁判に関連したキャンペーンについて」という記述があります。そのキャンペーンの具体化の一つが翌一月二一日付のスペイン向けの指令になったのだと思いますが、二一日の『日記』にはなんの記載もありません。

考えてみると、ディミトロフの三六～三九年の『日記』では、スペイン内戦関係の記事がかなり多くありますが、POUMについての記述はほとんどありません。理由は不明ですが、あえて推定すれば、NKVDの絡む〝裏仕事〟については、非公開の『日記』であっても、記述を避けるという抑制が働いていたのではないでしょうか［★］。

★ **ディミトロフ『日記』の空白**　これは、第五章で見たコミンテルン関係の「大テロル」の記載についても、共通する問題でした。たとえば、ポーランド共産党の解散問題（第一巻二七六～二九一ページ参照）は、ディミトロフのスターリンにあてた書簡もあり、ディミトロフ自身が深くかかわった重大問題でした。しかし、『日記』での記述は、「三七年六月二〇日　レンスキーが『エジョフのところ』に」とそれに続く「六月二一日　ワレツキーも」で終わっていて、彼らの自白調書を読んだことも、幹部会でポーランド共産党の解散の決定をして、その承認を求めるスターリンあての手紙（三七年一一月二八日）を書いたことも、『日記』にはいっさい登場してきません（『日記』では、第五章で指摘した三七年七月八日～一〇月二〇日の「空白」（第一巻二七八ページ）に続いて、三七年一二月一三日～三八年二月一六日、二月一八日～三月一六日、三月一八日～八月一五日が「空白」の時期となっています）。

この指令を受けて以後、スペイン共産党は、ＰＯＵＭへの政治的攻撃を強化しますが、モスクワ裁判でトロツキーとソ連の旧反対派がドイツ・ファシズムと密約を結んでいたという告発を受けたからと言って、そのことをもってＰＯＵＭがファシズムの手先である証拠だとするのは、いくらなんでも世間で通用することではありません。〝ＰＯＵＭの政治的解体〟という任務を果たすためには、彼らの反革命性を実証する決定的な事実が必要でした。

スターリンが三六年秋に送り込んだＮＫＶＤの秘密部隊は、ＰＯＵＭの物理的抹殺をめざしての謀略作戦をすでに開始していました。その活動の多くの部分がまだ秘密に包まれていますが、少なくとも、オルロフがスペイン政府の秘密警察の内部に巧みに入り込んで、その重要な部分を事実上の支配下においたこと、同時にスペイン政府から独立したＮＫＶＤ独自の秘密警察機構をつくり、秘密の監獄までつくって、ＰＯＵＭやアナーキストの幹部や活動家の逮捕や暗殺を実行しはじめたことは、間違いない事実だと思います。しかし、カタロニアの制圧という課題は、こうした散発的、ゲリラ的な隠密行動で解決できるような単純なものではありませんでした。

スペイン現地からの一通の秘密書簡

このように、一九三七年前半には、一方では、軍隊の問題を中心にしたカバレロ首相と共産党との対立、他方では、ＰＯＵＭおよびアナーキスト派によるカタロニア支配の問題が、スペインの「衛星国」化計画を妨げる政治的障害として大きく浮かび上がってきました。

この時期に、三七年三月一四日の政治局でのスターリン発言の二週間後、スペインに派遣していたコミンテルンの〝助言者〟から、一通の秘密書簡（三月二八日付）がディミトロフのもとに送られてきました。この書簡は、アメリカで編集・発行されたスペイン関係の秘密文書集『裏切られたスペイン――スペイン内戦におけるソ連』（二〇〇一年　エール大学出版部）［★］で初めて公表されたものですが、スターリンのスペイン内戦干渉作戦のこの時期の急展開を分析するうえで、非常に重大な内容を含んでいました。

★　**秘密文書集『裏切られたスペイン』**　この本は、スペイン内戦中に、スペイン共産党およびスペインにモスクワから派遣された各分野の〝助言者〟、〝観察者〟とモスクワとの間で交わされた秘密文書からとくに重要な八一通を選んで、編集者の詳細な解説をつけたもので、なかにはコミンテルン書記局の決定を現地に伝えた文書も若干ありますが、圧倒的部分は、スペイン現地からの報告書簡で、時期的には一九三六年七月から三九年二月にわたっています。報告者はコミンテルン関係から外務省関係、軍事関係など多分野にわたっていますが、ＮＫＶＤの関係はまったく含まれていません。

書簡の筆者の氏名は明らかにされていませんが、その内容から、近い時期に派遣された者ではなく、長期にわたってスペイン共産党指導部とともに活動し指導にあたってきた人物と見られます［★］。内容は、三月一四日のスターリン発言を受けたコミンテルン書記局が、その趣旨で対カバレロ工作をするよう指示したことに関連した報告です。カバレロ工作は指示された方向でおこなったものの、現在のカバレロの立場は国防相辞任などの助言を受けつける状態ではなく、共産党とソ連顧問団に対する彼の敵対的態度が、「隠れた政府危機」の根源をなしていることを強い調子で報告し、その「危機」を取り除くことが、戦争の前途を左右する緊急の重大問題となっているとして、スペイン現地からその解決策を提起していました。

★　**書簡の筆者**　筆者は、報告の中心点をのべるときに、「私個人の名においてだけではなく、党指導部全体の名においても」語ると言っています。文書集の編集者はアンドレ・マルティの名を第一に想定していますが、こうした言い方のできる人物は、コミンテルンからの派遣者のなかでは、人民戦線の以前から長く常駐していたコドビーリャ以外には考えられないと思います。

報告者によれば、共和国軍は戦線に攻勢に出る条件を十分にもっているが、それができないのは、カバレロ政府に問題がある、カバレロ政府はその力を戦争に向けないで「共産党に反対する戦争」に向けているからだ、というのです。

報告者が強い言葉で非難しているカバレロの反共産党政策とは、具体的には、カバレロ政府が、軍隊の各部署から共産党員を排除し、社会党員やアナーキスト、ときにはトロツキスト（ＰＯＵＭ党員）で置き換えていること、戦争勝利のために共産党が必要だと考える諸提案を受け入れないこと、ソ連の軍事顧問団の意見も素直に受け入れようとしないことです。

そこに示されているのは、ソ連の軍事援助を背景にした軍隊内部での共産党のあまりにも急速な勢力拡大が、カバレロの警戒心を呼び起こし、カバレロがあれこれの対抗措置をとり始めた諸事実だったと推測されます。しかし、報告者は、そこから飛躍して、カバレロのこの態度の根底にあるのは、「敗北を欲しないが、勝利を恐れている」からだと推論し、勝利は必ずスペインの政治における共産党の地位を強化するから、彼は戦争の勝利を避ける政策をとっているのだという結論を引き出します。さらに、その態度は、イギリスやフランスのブルジョアジーが、スペインの戦争をファシストの完全な敗北ではなく、彼らとの妥協によって終わらせようとしているのと共通した態度だとして、その国際的な背景にまで推論を発展させます。

こういう重大な結論を引き出しながら、報告者は、その根拠としては、先にのべた共産党とソ連顧問団にたいする態度への批判以外には、何の事実もあげていません。

報告者は、こうして、スペインが「勝利を恐れる」政府を持っていることを、「隠れた政府危機」と呼び、この政府をこのまま放置すれば、戦争に勝利する条件は失われてしまい、フランコ軍との妥協以外に道はなくなる、いまや内閣の改造を断行し、カバレロを首相、国防相のポストから取り除くことが避けられない急務となった、と論じます。そして、アサーニャ大統領が共産党に好意的な立場をとっていることや、共産党が社会党の「中間派」（ネグリンなど）〔★〕と密接な協力関係を築き上げていることをあげながら、カバレロ除去への政治的準備は整っていることを強調します。報告者によれば、前線の兵士も、一般の市民も、こういう状況のおおよそは知っていて、マドリード攻防の危機の際に共産党が立ちあがって事態を打開したように、今回の「隠れた政府危機」についても、共産党が危機の解決に立ちあがることを待っているとのことです。

★　ネグリンらは、普通は社会党右派と呼ばれますが、報告者は、あえて「中間派」に分類しています。

このような情勢評価をした上で、報告者は重大な問題を提起します。

〝党は、政府危機が展開し始めた事態を前にして、その観察者としてとどまっていてよいだろうか？　危機の解決を早めるために「精力的な干渉」をおこなうべきではないだろうか？　われわれは、「隠れた政府危機」が「自然に」成熟するのを受け身で待つのではなく、必要な場合には、問題を解決するために「危機を激発させる」ことを考えるべきだ。取り返しのつかない事態が起きてしまったあとで、もっと早くから先を見ていればよかった、「国を敗北に導く人々をしかるべき時に片づけておくべきだった」と悔やむことがあってはならない。

党は、この問題についてのあなたの助言を待っている。情勢は非常に重大であり、あなたの助言は、特別に重要な価値をもつだろう〟。

要するに、カバレロが共産党に決定的な攻撃をかけてくる前に、こちらから先制的な攻撃をかけて、カバレロを政権から排除しよう、という提案です。

この報告書簡を受け取ったディミトロフは、二週間あまりたった四月一五日にこれをウォロシロフに送っています（これはスターリンに送ったことを意味します）。ディミトロフは、そのさい、書簡への添え書きに次のように書いています。

「スペインの政治通報者からの詳細な報告を送ります。この報告は、バレンシア［当時のスペイン政府の所在地］から到着した同志が［スペイン共産党］中央委員会政治局を代表してわれわれにおこなった口頭の報告と一致していますから、明らかに中央委員会政治局の気分、見解、おかれた状況を表現したものです」。

問題が三月一四日のスターリンのカバレロ評価にもかかわる重大な性質をもっていたので、ディミトロフは書簡を受け取った時、すぐこれをソ連共産党の政治局筋にまわすことをせず、バレンシアからの使者（おそらくスペイン共産党の政治局の代表）の直接報告を待ち、書簡の内容がスペイン共産党指導部の見解と一致していることを確認したうえで、書簡をウォロシロフに送ったのでしょう。こうした念入りの取り扱いも、書簡での報告と提案がきわめて重大な意味をもっていたことを示しています［★］。

★　ディミトロフ『日記』には、この書簡については、三月二八日の個所にも四月一五日の個所にも、いっさい記述がありません。

おそらく、スターリンは、ここで報告されたようなカバレロ政権の現状とカタロニアを中心とした「トロツキスト」の絶滅の問題の双方を考慮に入れたうえで、この二つの政治的障害を一挙に解決する特別の作戦――報告者のいう危機を〝激発〟する作戦――の準備にとりかかったのでしょう。この作戦は、ＮＫＶＤの部隊による急襲に始まり、政府内部の共産党がそれを受けて政治的解決をすすめるという総合作戦でした。

バルセロナ――〝内戦の中の内戦〟の勃発

三七年五月、カタロニアの中心地バルセロナで、政府側の武装部隊とアナーキスト派およびＰＯＵＭとのあいだで、武装衝突が起こりました。

衝突は、五月三日、政府側の武装部隊である共和国防衛警察軍が、ＣＮＴ（アナーキスト派の労働組合・労働全国連合）が管理していたバルセロナの電話局の建物を急襲して占拠しようとしたことから始まりました。急襲の理由は、マドリードの公用通信の盗聴容疑があり、それを調査するためだと説明されました。これに対して、CNT側は激しく抵抗し、この衝突がたちまち全市に広がって、防衛警察軍とアナーキストおよびPOUMの間の市街戦が三日間にわたって続きました［★］。

★ **クリヴィツキーの証言**　クリヴィツキーは、この危機を「激発」する上でNKVDが果たした役割の一つについて、次のような証言を残しています。

「スターリンは、完全な支配権を握るには、カタルニアを制圧し、カバリェロを追い払わねばならなかった。

このことは、パリの亡命ロシア人無政府主義者グループの指導者の一人で、オゲペウ［＊］の秘密工作員だった男が、作った報告のなかで強調されていた。かれは、バルセロナに派遣され、そこで著名な無政府主義者として同地方の政府部内のアナルコ・サンディカリストに信頼を享受したのだ。かれの使命は、挑発者として、カタルニア人に暴動を煽動し、軍隊が、これを戦線背後の暴動として弾圧する、そのきっかけをつくることだった。……

この報告で、かれは、いろいろな政党指導者との会談の模様や、オゲペウにとって弾圧の口実となる行為を、かれらの間で挑発するためにとった措置を詳しくのべていた。そして、バルセロナで暴動勃発の近いことを確信していた」（前掲『スターリン時代――ソビエト諜報機関長の記録』七二ページ）。

＊ **オゲペウ（OGPU）**　NKVDのこと。ソ連の政治警察は一九三四年にOGPU（国家政治

保安部）からNKVD（内務人民委員部）に改編されましたが、部員は改編後も日常的には自分の所属部署を旧名で話すことが多かったようで、クリヴィツキーは、回想録でも、自分の組織についていつも旧名で語っています。

市街戦の途中で、CNTの指導部は、ファシズム勢力と戦っている最中だとして、戦闘中止の呼びかけを発しました。そのため、CNT側の戦闘力は弱まり、戦闘は防衛警察軍の勝利に終わり、バルセロナは増援を受けた警察軍による事実上の占領体制のもとにおかれました。

戦闘が終結すると、共産党の側からは、〝これはPOUMのトロツキストたちがひきおこした政府転覆をめざす「反乱」だった、彼らはフランコ軍に内通する手先だった〟という宣伝が大々的に展開されました。この集中砲火のような宣伝戦はスペインの内外に広範な影響を与え、マドリードに駐在していたアメリカ大使クロウド・ボワーズまでが、事件の数週間後に、本国に次のような報告を書いたほどでした。

「五月はじめ、体制擁護派の政府は［アナーキストに対して］武力を行使した。危機は、アナーキストとトロツキー派共産主義者からなるPOUMとによってひきおこされた。彼らの多くがフランコ軍の手先であったことが広く信じられている。彼らは、工場では私有財産の占拠を推進し、戦争のさなかにストライキで生産を減退させた」［★］。

★ 前掲の『裏切られたスペイン』の編集者が、ボワーズの回想録『私のスペイン使節』（一九五四年ニューヨーク）から引用紹介している文章。

この事件は、カバレロ首相と共産党との亀裂を決定的なものにしました。内閣の五月一三日の閣議で、共産党の閣僚がＰＯＵＭの禁止と指導者の逮捕を要求したのです。バルセロナで戦ったのは、アナーキスト派がむしろ主力で、ＰＯＵＭはこれと肩を並べての戦いでしたが、共産党の狙いは、彼らを切り離して、攻撃を〝トロツキスト〟に集中するところにありました。カバレロは、ＰＯＵＭは労働者階級の合法的な政党であり、まだその容疑が証明されていない時に、そういう措置をとることはできないと言って、この要求を拒否しました。閣僚会議は激論の舞台となり、ネグリン蔵相、プリエト海・空軍相、バヨ外相など社会党右派の閣僚たちが共産党の要求を支持しましたが、カバレロ首相はこれを拒否、共産党閣僚とネグリンが怒って退席するという事態になったのです。この問題では、共産党とこれら社会党の閣僚との間で、根回しがすでに進んでいたのでした。

四日後の五月一七日、アサーニャ大統領はジュアン・ネグリンを首相に指名し、即日、ネグリン内閣が成立しました。ネグリンは、社会党の中間派や右派のなかでも、共産党との関係がもっともよい人物でした。社会党左派とアナーキストは政府から去りました。共産党閣僚は引き続き二名でしたが、政権の行動を左右する力は圧倒的に強まり、ネグリンは、ＰＯＵＭ問題での共産党の要求を受け入れ、ＰＯＵＭの機関紙の発行禁止（五月二八日）、ＰＯＵＭの非合法化（六月一六日）などの措置を次々と取り、責任者のニンをはじめ名の知れた党員のほとんどを逮捕しました。「トロツキスト狩り」

と呼ばれたこの弾圧は、ＰＯＵＭに少しでも関係のあるものはすべて弾圧の対象にする徹底的なもので、カタロニア全土に〝恐怖政治〟的な状態をつくりだしました［★］。

★ **オーウェル『カタロニア讃歌』**　バルセロナでの「五月反乱」とその後の「トロツキスト狩り」の状況を作家の目で活写したルポルタージュ作品に、イギリスの作家、ジョージ・オーウェルの『カタロニア讃歌』（一九三八年、邦訳・ハヤカワ文庫ＮＦ　一九八四年）があります。

オーウェルは、国際義勇兵としてスペイン内戦に参加しましたが、イギリスの独立労働党の信任状をたよりに、共産党系の「国際旅団」ではなく、カタロニアのＰＯＵＭの部隊に参加し、アラゴン高原の山岳地帯でフランコ軍と戦いました。「五月反乱」の時には、部隊の交代で前線からバルセロナに帰っていたため、事情がよくわからないままに市街戦にまきこまれました。市街戦の終結後、いったん戦線に戻ったものの、負傷して軍務を解除され、バルセロナに帰ると「トロツキスト狩り」の対象となっていました。それから追及の手を逃れつつ、六月下旬にフランスへの脱出に成功するのです。

『カタロニア讃歌』は翌一九三八年に執筆・刊行したルポルタージュ作品で、アナーキストの〝独立共和国〟的なカタロニアの状況の実態描写の点でも興味深いものがありますが、とくにバルセロナでの五月～六月の事態の現場報告は、当事者ならではのリアリティに満ちた貴重なものとなっています。

こうして、共産党による政権掌握をはばむ二つの政治的障害――カバレロ政権とアナーキスト＝ＰＯＵＭ連合のカタロニア支配とが、バルセロナ「反乱」とその鎮圧という一撃で、二つながら急襲的にかたづけられてしまったのです。ディミトロフにあてた三月書簡の筆者は、〝問題を解決するには、こちらから危機を激発する必要がある〟と書きましたが、バルセロナ「反乱」という〝激発〟は、カバレロを政権から排除するという目標の達成に成功しただけでなく、懸案のカタロニア問題も一挙に解決し、共産党による事実上の政権掌握にさらに大きく道を開いたのでした。

ＰＯＵＭに対する弾圧は、オルロフが組織したＮＫＶＤの指揮のもとに、ソ連の「大テロル」を思わせるやり方でおこなわれました。捜査の中でヒトラー・ドイツやフランコ軍とのつながりを示す〝証拠〟が発見されたなどの宣伝も大々的におこなわれました。しかし、もともと、大もとのトロツキーがヒトラー・ドイツと結びついていたという話そのものが、スターリンがつくりあげた架空のシナリオだったのですから、そのトロツキーと多少の交流があったことを理由にした〝ＰＯＵＭ＝ドイツの手先〟説が事実無根の架空の議論だったことは、いうまでもありません。大宣伝された〝証拠〟なるものも、モスクワ裁判で乱発された〝自白調書〟以上の、即席のいい加減なものでした［★］。ＮＫＶＤは、ソ連式見世物裁判のスペイン版を企てたようですが、肝心のニンなどが屈服せず、思うような〝自白調書〟をつくりだせなかったために、この計画は放棄され、ニンは獄中で殺されました。弾圧者たちは、その事実さえ、〝ニンはファシストの援助で脱獄した〟という話につくりかえ、これを「ＰＯＵＭ＝ファシズム手先」説の新〝証拠〟として利用したのです。

★ **〝ドイツの手先〟説の証拠**　一九三七年一一月一三〜一六日に開催されたスペイン共産党中央委員会戦時第三回総会で、マドリード党組織のフランシスコ・アントン書記がカタロニアの五月反乱についての報告をおこないました（村田陽一ら編訳『レーニン主義の敵＝トロツキズム』一九七〇年　大月書店所収）。彼は、この反乱はドイツのゲシュタポらとPOUMが共同して計画したものだとし、その「まぎれもない証拠」として捜査で発見されたといういくつかの「秘密資料」を示しましたが、それらはみな出所不明のもので、明らかにシナリオにあわせてNKVDがつくりあげた文書でした。

しかし、ニン以外の第二級の〝被告〟たちにたいする裁判は、一九三八年一〇月一一日〜一二日にバルセロナの「スパイ・反逆罪法廷」でおこなわれました。裁判の結果は、共産党の期待通りには進まず、被告たちは「スパイ・反逆」の罪によってではなく、五月の事件に参加した罪を問われただけに終わりました。しかし、ディミトロフは、三八年一〇月の『日記』に、この裁判の内容を国際的な反トロツキスト闘争にいかに活用するかについて、マヌイルスキーに電報で指示を出したことについて、次のように記録しています（ディミトロフは、当時、医療休暇で、クリミアにいました）。

一九三八年一〇月一五日

—電報

1．マヌイルスキー、モスクヴィン、フリードリヒ［ベドリヒ・ゲマインダー］［★1］あて：

POUMのメンバーの裁判に関連して、私はすでに次の手立てをとるのが適切だと考えている。

（1）スペインおよび外国のトロツキストの反革命的犯罪および彼らのファシストの手先としての役割を、世論の前でできる限り効果的に暴露すること、（2）第二インタナショナル、とくにイギリスの独立労働党、フランスのピヴェール派［★2］などの支援者たちを、その犯罪の共犯者として暴露すること、（3）労働者運動の隊列からトロツキストを追放するために、新聞その他の国際的な規模の手段で、裁判を広く活用すること。エルコリ［トリアッチ］、ルイス［フランシスコ・アントン、本巻一二六ページ注参照］、ユリウス［★3］が、このキャンペーンの指導責任を負うべきだろう。

★1　**ゲマインダー**　チェコスロヴァキアの党活動家で、一九二〇年代以後、コミンテルンの機密活動部門などで活動していた。

★2　**マルセル・ピヴェール**　フランス社会党の左派。

★3　**ユリウス**　ハンガリー共産党員で本名はギュラ・アルパリ。

これが、ディミトロフが『日記』でPOUMに直接ふれた唯一の個所となっています。アナーキスト派は、全体としては、こうした直接的弾圧の対象にはなりませんでしたが［★］、ネグリン政府のもとで、「上からの」行政措置で農業や工業での「集産主義」的社会革命の成果の解体が急速に進み、アナーキストはカタロニア地方政府からも排除されて、その基盤は大きく破壊されました。

★　**アナーキストへの攻撃**　組織の禁止や総ぐるみの逮捕など、POUMの場合のような弾圧措置はとられませんでしたが、個々人の逮捕はアナーキストに対してもおこなわれました。著名なアナーキスト指導者の暗殺事件が起きたことは重要です。マドリード攻防戦に駆けつけたCNTの指導者ドゥルティも、戦線に出て二週間後に生命を落としましたが、「プラウダ」特派員コリツォフがその報道の冒頭に、「流れ弾かあるいは故意か」と書いたように（「プラウダ」三六年一一月二一日付）、その死は戦死とは言えない不可解なものでした。

こうして、政府はカタロニアの統治権をその手に握りました。しかし、この地方の労働者を支配していた革命的熱情を引き継ぐことはできませんでした。

ネグリン内閣以後。スターリンの転換

ソ連とスペイン共産党の側は、カバレロを排除した五月の政変を、内戦勝利の条件づくりとして正当化しようとしましたが、ソ連と共産党が注文した通りの政権・ネグリン政権が成立し、カタロニアの〝ファシスト内通派〟が一掃されて以後も、戦局の好転はまったく実現しませんでした。

政府軍は、ソ連軍事顧問団や共産党の軍事専門家が立案した計画によって、マドリード西郊のブルネテ（三七年七月）、フランコ軍の支配地であったアラゴン地方南部のテルエル攻撃（三七年一二月～三八年二月末）など、兵力を集中した攻勢作戦を展開しますが、どれも成功せず、政府軍や国際旅団の大規模な損失に終わって、戦局は悪化を続けました。

カーは、ネグリン政府成立後の軍事情勢を次のように描いています。

「一九三七年秋の軍事作戦は、共和国の大義を鼓舞する何ものも生まなかった。大いに宣伝されたブルネテの七月反攻は線香花火のように消え去った。フランコ軍は着実に、北部に残る共和国側拠点を掃討していった。最後の拠点ヒホン港が一〇月二二日に陥落した。年末までにナショナリスト軍［フランコ軍］は、フランス国境に至る全北部海岸、重要な鉱工業地帯アストゥリアス地方、従来アナーキストの本拠だったアラゴンの大部分を占領した。スペイン全土の三分の二が反乱軍の手に落ちたのである。スペイン政府の実効的支配が及んでいたのはカタロニア、南はアルメリアに至る地中海沿岸、中央諸県の一部に限られ、マドリードは敵地に大きく囲まれて危険な状態だった。……バレンシアもいまや敵の攻撃にまともに曝《さら》されるようになった。政府はバルセロナに移転した」（前掲『コミンテルンとスペイン内戦』一一七～一一八ページ）。

戦局の情勢は、スペインをめぐる国際情勢にも影響してきます。三七年一一月、イギリスは、フランコ政権のもとに通商代表を送ることを決定しました。これは、フランコ政権の事実上の承認でした。スペイン問題をテコにイギリス、フランス、ソ連が反ファシズム連合を組むという構想も、これで破産が明瞭になりました。

ネグリン政府への交代が戦局になんの変化も生みださず、前途に敗色が濃くなって、スペインの「衛星国」化という目標が不可能なことが明らかになると、スターリンは、急速にスペインへの関心を失っていったようです。ディミトロフは、退勢をなんとか挽回しようといろいろな手立てを講じますが、スターリンの反応は冷たいもので、時には理解しがたい思いつき的な指示を受けて面食らうことが多くなりました。

たとえば、三七年九月、コミンテルンは、スペイン共産党の任務についての幹部会の「声明」を用意して、スターリンに承認を求めました。ところが、スターリンから返ってきたのは、スペインの国会は、三六年二月に選挙された時のままで、スペイン人民の現在の意思を反映していない、国会の新しい選挙を呼びかける問題を「声明」の第一の主題にしろ、という注文でした。幹部会のために現地から帰ってきていたトリアッチは、内戦のさなかで危機が続き、国土の大部分を失いつつあるスペインで、新しい総選挙など語ることは無意味だと主張しましたが、ディミトロフはスターリンとの会合のあと、トリアッチを無理やり説得し、結局、総選挙の呼びかけから始まる「声明」を、幹部会で採択しました［★］。第七回大会から二年たったコミンテルンは、「大テロル」を経て、スターリンが言い出したら、どんな無理で無意味なことでも賛成せざるを得ない組織への退化をとげていたのです。

★　ディミトロフの『日記』は、三七年七月八日～一〇月二〇日が空白になっていて、この問題の記述はありません。内容は前掲『ディミトロフとスターリン』によりました。幹部会声明「スペイン共産党のもっとも重要な任務」（三七年九月）は、同書に「文書10」として収録されています。

三八年二月には、こういう問題が起きました。スターリンが、突然、政府から共産党閣僚を引き揚げろ、と指示してきたのです。この問題は、『日記』に記述があります。

一九三八年二月一七日

——マヌイルスキーと私は、スターリンとモロトフのところに呼び出された。

スターリン：1．スペイン共産党は政府を離脱すべきだ。彼らは二次的なポストを二つ持っている。もし彼らが政府を離脱すれば、フランコの戦線の瓦解が激しくなり、スペイン共和国の国際的地位はいくらか緩和されるだろう。彼らの離脱は、示威的なものではなく、また政府に不快感をもったからではなく、政府の任務を容易にするためということですすめるべきである。理由づけは、サンジカリスト［アナーキストのこと］は参加していないのだから、共産党が政府にとどまっていることは適切ではない、ということにする。

2．政府を支持するが参加しない——これを現段階におけるわれわれの姿勢とすべきである。

……

ディミトロフは、『日記』では、この突然の提案を記述するだけで、なんの感想も意見も書きつけていません。おそらく呼び出された現場でも、黙って拝聴して引き揚げたのでしょう。ちょうどその時、スペイン共産党とカタロニア統一社会党（ＰＳＵＣ）の指導者がモスクワに来ていたので、スターリンの指示を早速二人に伝えました。しかし、二人の帰国と入れちがいに、トリアッチからの手紙が届きました。そこには、危機的な情勢に対応するために、共産党が指導的役割を担う新政府を組織したいという、スターリンの指示とはまったく逆の提案が提起されていたのです。ディミトロフは、トリアッチの手紙を恐る恐るスターリンに回しますが、もちろんスターリンの見解は変わりません。現地では、コミンテルンの新しいメッセージはスペイン共産党中央委員会に大混乱を引き起こしました。しかし、結局は、トリアッチが「この方針は共産党の手を自由にするものだ」という解釈をつけくわえることで、モスクワの指導にしたがうということに落ち着いたとのことです。実際には、四月の内閣改造のとき、共産党は、完全な引き揚げではなく、閣僚を二人から一人に減らすことになりましたが、この線でモスクワの了解を得ることに成功したのでしょう［★］。

★　スターリンの政権離脱指示がどう執行されたかの記述は、『日記』にはないので、『ディミトロフとスターリン』の解説によりました。

その後、共和国軍の敗北への道は急速度ですすみます。

三八年四月半ばには、フランコ軍は地中海岸に達し、共和国政府の統治下の地域は南北に分断され、カタロニアは完全に包囲されました。七月～一一月、共和国軍はカタロニア南側のエブロ川に兵力を集中して攻勢に出ますが、一定の成果は得たものの、絶大な損害をこうむり、これが攻勢作戦の最後のものとなりました。一二月にはフランコ軍がカタロニア攻略戦を開始し、三九年一月二六日にはバルセロナも陥落しました。

三九年二月には、マドリードとバレンシアが人民戦線の手中にある最後の都市になりました。マドリードでは、三月、ネグリン政府に反対するマドリード防衛軍司令官カサードのクーデターで、共産党を中心とする抗戦派との内戦状態が起こり、三六年一〇月の最初の危機以来二年半にわたって抗戦をつづけたマドリードも、三月二八日、ついに陥落しました(バレンシアの陥落はその二日後)。

こうして、世界の反ファシズム勢力の注視のもと、内外のファシズム勢力と英雄的なたたかいを続けたスペイン人民の抵抗戦争は、敗北をもって終わったのです。

一九三九年のディミトロフ『日記』から

スペイン人民戦線政府のこの最後の時期に、スターリンは、すでにその国家戦略を、反ファシズムの路線から、ヒトラー・ドイツとの提携の路線に大きく切り替えつつありました。

三九年三月の内戦終結後、スペイン共産党の指導者たちやコミンテルンから派遣された助言者たちが続々とモスクワに到着します。ディミトロフは、ソ連の国家戦略に転換が起きつつあることなど夢にも考えないで、五月ごろから、スペインのディアスやイバルリ、コミンテルンのトリアッチなどと話し合いを重ね、四年間にわたるスペインの闘争の経験から今後の反ファシズム闘争への教訓を引き出す仕事を自身の当面の主題の一つとして、それに取り組みます。その仕事は、八月に入っていよいよ本格的な総括の段階に入ったようで、その様子は『日記』にもかなり具体的に表われています。

一九三九年八月一〇日

—スペインの同志たちとともに書記局会議（政府の家で）。中央委員会決議「スペイン人民の独立闘争の教訓」。

八月一四日

—カタロニア問題とカタロニア統一社会党にかんする会議（政府の家で）。

出席者：マヌイルスキー、ピーク、ゴトワルト、フローリン、コラロフ、レイモン［・ギヨー］、ディアス、ドロレス、ヘルナンデス、コモレラ、デル・バイヨ、セラ・イ・パミーズ、ステパノフ、ゲレ（続く八月一五日）［★］。……

★　出席者のうち、**レイモン・ギヨー**は、フランス共産党の幹部でコミンテルンの幹部会候補。**ヘルナンデス**は、スペイン共産党政治局員。**コモレラ**は、元カタロニア社会党書記。**デル・バイヨ**と**パミーズ**は、カタロニア統一社会主義党員。**ステパノフ**はコミンテルンの活動家。**ゲレ**は、ハンガリー出身でコミンテルンで活動（戦後、ハンガリー共産党の政治局員、内相など）。

八月一五日

—カタロニア統一社会党についての会議の続行。デル・バイヨ、セラ・イ・パミーズが説明した（政府の家で）。

八月一六日

—続行—ディアス、ドロレス、ヘルナンデス。

八月一七日

—続行—（政府の家で）。

デル・バイヨ、コモレラ、ゲレ。

マルティが到着した！

八月一九日

—マルティの情勢報告。

八月二〇日

—書記局会議（コミンテルンで）。

カタロニア統一社会党に関する討議続行。

（文書作成委員会をつくった）。

ところが、こうした討論のさなかに、突如、まったく異質な情報が飛び込んできます。八月二二日、書記局会議の最中だったのでしょうか。タス通信が、近日中に、ドイツのリッベントロップ外相が「不可侵条約締結」目的の交渉のためにモスクワを訪問するという公式発表をしたことが知らされたのです。しかし、ディミトロフには、その情報の意味を深くはつかめず、ごくごく実務的にその情報の処理にあたっています。

八月二二日

—書記局会議。

—ドイツとソ連との交渉に関連して諸党に対して指示。

八月二三日

—（リッベントロップとその一行が不可侵条約の交渉のためにモスクワに到着した）。

八月二四日

—ソ連－ドイツ不可侵条約が公表された。（写真がプラウダとイズベスチアに掲載された。モロトフ、スターリン——リッベントロップ、ガウス［★］が写っている！）

★　ドイツの外務官僚で、国際法の専門家。

この日を転換点にして、ディミトロフもコミンテルンも、つい前の日までその空気を呼吸してきた反ファシズムの世界から、まったく異質な親ファシズム、より率直・正確に言えばファシズムとの同盟の世界に、なんの事前の準備も心構えもなしに、いきなり投げ込まれることになりました。

そして、三年間の経験から反ファシズム闘争の教訓を引き出そうとしたディミトロフのスペイン内戦総括の企ては、不毛のうちに中断させられました。

しかし、スターリンの方は、スペイン内戦への干渉の経験から将来の活動のための重大な教訓を引き出し、きわめて意義ある成果を手にすることができました。それは、他国の政権の指導権を奪いその国をソ連の「衛星国」化するためには、どんな手段が必要であり、また有効であるかという点での経験と教訓です。スペイン内戦へのソ連の介入は、第二次世界大戦後の東ヨーロッパの「衛星国」化戦略にとって、最大の実験場を提供するものとなったのでした。

第八章　フランス・スペイン・中国（下）

三、中国。西安事変と抗日統一戦線

(一) 中国からの電報。スターリン怒る

『ディミトロフ日記』には、一九三六年一二月一三日から一六日にかけて、次のような記述が出てきます。

一九三六年一二月一三日……

—張学良《ちょうがくりょう》の軍隊が陝西省《せんせい》で蜂起との報道。蒋介石《しょうかいせき》が逮捕された。

—ストマニアコフ[★]来訪。

—張学良についての楽観的で好意的な評価。ソ連は、西安《せいあん》での事件に関連して、反ソ宣伝にたいしては抑制的で、巧妙な対応をする必要がある。

★　**ストマニアコフ**　ブルガリア人でソ連の幹部。外務人民委員部次官。一九四一年に処刑されました。

一二月一四日

――書記局の会議。……

――中国問題についての会議。

――鄧発《とうはつ》［★1］の報告をスターリンに送った。

中国の同志の立場について、スターリンの意見を求めた。提案「彼らに、独立の立場をとり、内輪同士の内戦に反対し、紛争の平和的解決、中国の領土保全と独立の立場に立つすべての党派の、民主的な綱領にもとづく合意と共同行動を主張し、国民党への書簡と毛沢東のインタビューでのべている党の立場を強調するよう勧告する」。

――夜遅く、一二時にスターリンから電話。

「中国のこの事態は、君たちが承認したものか？（――違います！）これは、だれにせよ、いまおこないうる日本への最大の奉仕だ。（――われわれもまた、この事件をそう見ています！）

君たちのこの王明［★2］とは何者だ？　挑発者か？　彼は蒋介石を殺させる電報を打とうとしていた。

（――そんなことは私は聞いたことがありません！）

その電報を見つけてきみに見せてやろう！」

――後にモロトフから、

「明日三時三〇分にスターリン同志の執務室にくること。中国問題を話し合う。君とマヌイルスキーだけで、ほかはだれも必要ない！」

★1　鄧発　中国共産党の幹部で、当時、コミンテルンで活動していました。

★2　王明　一九三一年以後、中国共産党の指導部の中心にいた幹部で、一九三二年にコミンテルンの幹部会員および政治書記局員になり、第七回大会では幹部会員および書記局員候補になりました。

ここでスターリンを激しい怒りに駆り立てた中国の事件とは、有名な西安事変のことです。

当時、すでに日本の中国侵略は公然と開始され、侵略地域も東北部から華北へと拡大する最中でしたが、蔣介石の国民党政権は、侵略者日本とは戦わず、中国共産党に対する戦争に全力を集中していました。国民党の軍隊の中でも、この状況を良しとせず、抗日戦争に踏み切るべきだと要求する勢力が生まれましたが、東北軍を率いる張学良はその中心的な一人でした。一九三六年一二月、東北軍が中国共産党攻撃の指示に従わないのを怒った蔣介石が、命令を執行させるために、東北軍の司令部が置かれた西安に出かけたところ、逆に張学良に逮捕・監禁されてしまったのです。これが西安事変でした。

張学良の決起は、蔣介石打倒のクーデターではなく、抗日闘争への決断を武力をもって蔣介石に迫る〝兵諫《へいかん》〟でした。そしてこれが、国民党政権の政策を内戦から抗日に転換させる転機となり、一九三七年七月、日本が中国侵略の全面戦争に踏み出した時には、中国は国民党と共産党の合作（第二次国共合作［★］）――抗日統一戦線をもって日本の侵略に立ち向かう新しい態勢がつくりあげられていたのです。

★ **第二次国共合作**　中国の国民党と共産党の合作は、孫文《そんぶん》時代の一九二四年一月に始まり、共同して軍閥支配に反対する一九二四～二七年の第一次国内革命戦争（北伐戦争）を戦いましたが、一九二七年四月、蔣介石は、反共クーデターでこの合作に終止符を打ちました。この歴史を踏まえて、一九三七年に成立した国共合作を、第二次国共合作と呼びます。

孫文は中国の革命家で、一九一九年に成立した中国国民党の指導者。第一次革命戦争中の一九二五年に死亡しました。

西安事変がこういう意義をもっていたことは、中国の現代史の常識になっています。私も、そういうものとして理解していましたから、最初に『日記』のこの部分を読んだ時には、西安事変の報を聞いてスターリンがなぜこれほど怒り、張学良の行動を「日本への最大の奉仕だ」と口をきわめて非難したのか、その経緯も理由もすぐにはわかりませんでした。

しかし、現実の歴史でも、ソ連側は、スターリンのこの怒りを直接的に反映して、一二月一四日付の「プラウダ」社説「中国で起こった事件」は、西安事変を、日本の手先として有名な汪精衛《おうせいえい》（日本では汪兆銘《おうちょうめい》と呼ばれることが多い）が日本軍閥に代わって起こした陰謀だと断じ、張学良にたいしても、主観的にはともかく、その共犯者だとして痛烈な非難を浴びせたのでした。

社説は、この反乱の原因は、「悪名高い日本の走狗《そうく》の汪精衛」の陰謀活動に求めるべきであって、そこにはいささかの疑問もない、「汪精衛は張学良の部隊の中の抗日分子を利用し、この部隊を扇動して中央政府に反対させようとしている」と断定し、さらに張学良にも、日本帝国主義への奉仕者というレッテルをはりつけました。

「張学良は、……かつて満州を統治していた頃、ほとんど無抵抗で中国の肥沃《ひよく》ないくつかの省を日本の帝国主義者に贈った［★］。いま彼は抗日運動を利用して私利を図り、名目上は抗日の旗印を掲げているが、実質的には国家の分裂を作り出し、中国を引き続き混乱させて、中国を外国の侵略と強盗の犠牲になることが避けられないようにしている」。

★　この非難は、まったくの濡れ衣《ぎぬ》でした。一九三一年九月の〝満州事変〟の当時、張は病気療養中で現地にはおらず、東北軍が戦わずに東北地方を日本軍に引き渡したのは、蒋介石の命令によるものでした。

政府機関紙「イズベスチア」も同日付で論文「張学良の蜂起」を掲載、ほぼ同趣旨の批判を展開しました。当時、西安に滞在していたアメリカのジャーナリスト、アグネス・スメドレーによれば、最初に届いたのは、「イズベスチア」だったとのことで、彼女はそれが西安の世論に与えた反応を次のように描き出しています。

「そのころ、ソビエト・ロシアの政府の新聞である『イズベスチア』が、西安事件は日本側の陰謀であると非難した論文を発表して、実質的には蒋介石を釈放することを中国共産党に勧告した。おそらく、ソビエト政府は、ヒトラーや日本と公然とむすびついた汪精衛よりは、蒋介石の方がはるかにいいと考えたのであろう。しかし当時は、ソ連にたいする冷笑的な反感の波が、西安じゅうにひろがっていた」(『中国の歌ごえ』一九四三年、邦訳・みすず書房『現代史大系4』一九五七年、一三〇～一三一ページ)。

スターリンの怒りがここまで爆発したのはなぜか。この疑問を解こうと、ディミトロフ『日記』を起点に、当時のスターリン、中国共産党、コミンテルンの三者の関係を歴史的に読み解いてゆくと、そこには、自分の国家戦略を最優先において、中国革命や中国共産党の状況など意に介しないスターリンの大国主義と、中国共産党自身の統一戦線政策が転換期を迎えつつあったこととが絡み合って、スターリンのこの爆発的な怒りを引き起こしたことがわかります。

この矛盾は西安事変の事態そのものの推移のなかで一応解決され、抗日統一戦線への画期的な道が開かれますが、スターリンの自国の国家戦略優先主義は、抗日戦争中も、蒋介石政権に対する立場の違いとしてたえず現われ、戦後の、新中国を生みだした革命戦争(第三次国内革命戦争)の時期にまで引き継がれることになります。こういう性格の深い根をもった問題なので、西安事変前後の中国革命運動史を少し立ち入って見てゆきたいと思います。

（二）革命戦争と統一戦線

中国共産党と蒋介石政権

前節の注で簡単にふれたように（本巻一四三ページ）、孫文が一九一九年に国民党を創立し、軍閥政権を打倒する北伐戦争を起こした大革命の時期（二四～二七年）には、中国共産党は国民党との合作の協定を結び、その一翼をになってともに革命戦争を進めました。ところが、孫文の死後、国民党の実権をにぎった蒋介石は、北伐途上の二七年四月、上海で反革命クーデターを起こし、共産党員の大虐殺を強行しました。

これ以後、共産党は、中国の反帝独立の闘争のためにも、国民党の反革命政権との革命戦争を戦わざるを得なくなりました。中国の運動史では、北伐戦争を「第一次国内革命戦争」、二七年以後の国民党政権との戦争を「第二次国内革命戦争」と呼んでいます。この時期に、毛沢東や朱徳《しゅとく》を中心とする革命勢力は、農民の蜂起を基礎に湖南省《こなん》・江西省《こうせい》の各地に革命根拠地をつくり、やがて根拠地の全体を統合して一九三一年一一月、江西省南部でソビエトの全国大会を開き、瑞金《ずいきん》を首都とする中華ソビエト共和国の設立を宣言しました。

蒋介石政権は、革命根拠地を絶滅するために三〇年一二月から翌月まで、一〇万の大軍を投じて第一次包囲攻撃戦を展開、それが撃破されると三一年四～五月、七～九月にはさらに大きな兵力で第二次、第三次の包囲攻撃を組織し、そのたびに撃破されました。

その第三次包囲攻撃が終末を迎えた三一年九月一八日、日本は〃満州事変〃を起こして中国の東北部全域を占領します。ところが蒋介石は、「日本と戦うよりも、国内の敵・共産党の殲滅《せんめつ》が先だ」として、戦わずに東北部を侵略者に引き渡し、三三年一～四月、今度は五〇万の大軍による第四次包囲攻撃戦をおこない、それが失敗すると同年一〇月、ついに第五次包囲攻撃戦に一〇〇万の陸軍、空軍二〇〇機の軍隊を投入するにいたります。革命軍（紅軍）はほぼ一年にわたって反撃戦に取り組みましたが、当時、毛沢東の軍事路線に反対する勢力が党指導部を占めて誤った作戦展開をおこなったこともあって、今度は包囲攻撃の撃破に成功せず、三四年一〇月、ついにこれまでの革命根拠地を放棄して、各地の国民党軍と戦いながら新たな革命根拠地をめざす、いわゆる「大長征」に出発しました。この大長征中の討論を通じて、毛沢東の軍事路線の正確さが確認されますが（遵義《じゅんぎ》会議［★］）、紅軍が中国の西北地方、陝西省北部の革命根拠地に到達し、ここを全国的な新しい根拠地とすることを決めたのは、一九三五年一〇月でした。一年間に実に一万二五〇〇キロを踏破したのです。

★　**遵義会議**　一九三五年一月、長征の途中、貴州《きしゅう》省遵義で開かれた中国共産党中央政治局拡大会議。軍事路線が論議の中心でしたが、毛沢東が党指導部で指導権を確立するうえで転換点を画する会議となりました。

この革命戦争の時期の統一戦線政策は、国共合作が大方針だった大革命の時期とは違って、たいへん狭いものとなっていました。

革命の同盟者だった国民党が反革命の支配政党に転化し、それとの闘争が革命運動の中心課題になったうえ、解放地域で革命政権をうちたてたさいに、権力形態としては、当時のコミンテルンの方針に従って、労農兵代表ソビエトの形態が採用されました。

統一戦線の方針もそこから規定されて、階級的には、労働者、農民、兵士が中心勢力で、民族ブルジョアジーも小ブルジョアジーも、統一戦線の対象から排除されました［★］。政治的には、国民党全体が、反革命の敵対勢力と位置づけられました。戦術的にも、統一戦線は「下からの統一戦線」に限るというコミンテルンの方針が中国流に適用されて、「兵士は獲得するが士官は排除する」、「労働者は獲得するが指導者は排除する」が、大衆工作の合言葉とされました。

★ 統一戦線の階級的範囲　一九三一年に決定された「中華ソビエト共和国憲法大綱」では、第二条で、ソビエト政権のもとでどの階級が政治的権利を保障されるかについて、つぎの規定をおこないました。これがおおよそ、統一戦線の階級的範囲の規定となっていました。

「ソビエト政権のもとでは、あらゆる労働者・農民・赤色戦士およびすべての勤労民衆はみな、代表を選出し派遣して、政権の管理を掌握する権利を持っている。軍閥・官僚・地主・豪紳・資本家・

富農・僧侶およびいっさいの搾取者・反革命分子だけは、代表を選挙して政権に参加させる権利、政治上の自由の権利が与えられない」。

一九三一年九月、日本帝国主義の中国侵略が開始されたことは、中国の情勢に、諸階級の態度や関係を含め、大きな変化を呼び起こしました。抗日の要求が国民的な声となり、ブルジョアジーや知識人、学生・青年などの間に、「内戦の中止」と「抗日勢力の統一」を国民党政権に求める運動が広がりました。軍閥勢力の間にも、抗日の旗をかかげる動きが相次いで表面化しました。

この中で、蒋介石政権が、「抗日のためにもまず国内の統一を」と称して、〝満州〟（東北地方）、華北をつぎつぎと日本軍に引き渡しながら、もっぱら共産党の支配地域を攻撃する〝剿匪《そうひ》〟作戦に総力をあげたことは、すでに説明した通りです。だが、共産党の側でも、この新しい情勢を正面からとらえて、統一戦線政策の自己検討をおこない、抗日統一戦線への発展をかちとる点では、大きな立ち遅れがありました［★］。

★ 中国共産党の総括文書から　中国共産党は、一九四五年四月の中央委員会総会で、「若干の歴史的問題についての決議」と題する総括文書を採択しました。この文書は、創立以来の党の歴史には、三回の極左的な誤りがあったとし、そのもっとも重大なものとして、一九三一年一月の中央委員会総会から長征の途上で開かれた政治局会議（遵義会議・三五年一月）までの「三回目の極左的路線」をあげ、そのために、党は、「九・一八」（〝満州事変〟のこと）以後の時期に、「みずから中国人民の政治生活から遠く立ちおくれてしまった」ことを、次のように指摘しています。

「もちろん、抗日の問題では、その当時はまだ、中国の大地主と大ブルジョアジーの主要部分を代表する国民党主要支配集団が一九三五年の華北事変［＊］後、とくに一九三六年の西安事変後おこした変化を予測することはできなかったが、中間層と一部の大地主・大ブルジョアジーの地方集団は、すでに抗日の同盟者となる変化をみせていたのであり、この変化は、広範な党員と人民に、すでに認識されていたのに、三回目の極左的路線は、これを無視するか、あるいは否定して、はなはだしい閉鎖主義を形成し、みずから中国人民の政治生活から遠く立ちおくれてしまった。この閉鎖主義のあやまりによってつくりだされた孤立と立ちおくれの状態は、遵義会議まで、基本的にあらためられなかった」（『毛沢東選集』第三巻［新日本出版社］に「付録」として収録、二四四ページ）。

この「三回目の極左的路線」を代表する中心的な指導者が、本章冒頭の『ディミトロフ日記』に名前が出てきた王明でした。

＊　**華北事変**　一九三五年、日本が華北の侵略を開始した時、蒋介石国民党政府が、華北の主権を売り渡した一連の事件を指しています。華北の国民党政府代表何応欽《かおうきん》と日本の華北駐屯軍司令官梅津《うめづ》美治郎《よしじろう》との協定（三五年六月）、国民党察哈爾《チャハル》省代理主席秦徳純《しんとくじゅん》と日本の特務機関長土肥原賢二《どいはらけんじ》との協定（同年六月）に始まり、「冀東《きとう》防共自治委員会（のち政府）」設置（同年一一月）、「冀察《きさつ》政務委員会」設置（同年一二月）など、譲歩に譲歩を重ねて華北の大部分を失いました。

転換の起点――コミンテルン第七回大会

中国共産党が、この状態から抜け出して、抗日統一戦線へと転換する大きな第一歩を踏み出したのは、コミンテルン第七回大会の最中、一九三五年八月一日の日付をもついわゆる「八・一宣言」でした。宣言の正式名称は、中華ソビエト政府と中国共産党中央委員会の連名による「抗日救国のために全同胞に告げる書」です。

「宣言」は、日本帝国主義の侵攻と南京の売国政府の投降政策のもとで、中国が国家・民族の滅亡の大禍にさらされている全国同胞に、党派間の政見・利害の相違、各界同胞間の意見・利益の相違、軍隊間の敵対行動の歴史などを乗り越えて、内戦を停止し、救国抗日の事業のために大同団結することを呼びかけました。

そして、そのための当面の課題として、ソビエト政府及び東北各地の抗日政府とともに、全中国を統一した国防政府を組織し、紅軍と各地各種の反日義勇軍と一体になって抗日連合軍を組織することを提起し、各党派、各団体、著名な学者・政治家、地方軍政機関が共同して国防政府樹立の問題についての協議をただちに開始したいとの希望を表明しました。

この「宣言」は、中華ソビエト政府と中国共産党中央委員会の連名で発表されましたが、現実には、この両者が長征の途上にあった時期で、コミンテルンで活動していた中国代表団（団長は王明）

の責任で準備されたものでした［★］。

★　大会での王明の演説　王明は、この大会で八月七日、中国代表団を代表して「植民地および半植民地諸国における革命運動と共産党の任務」と題して演説をおこないました。この演説の中国関係の部分は、基調は、「八・一宣言」と共通していますが、過去の誤りの内容とその結果を具体的に取り上げ、情勢のどういう要因をとらえて抗日統一戦線の方向への転換をおこなったのかなど、革命運動の立場から「八・一宣言」の到達点を掘り下げるものとなっています。

ただ、「八・一宣言」には、いくつかの大きな問題が残されていました。

第一は、抗日救国の運動が闘争の矛先を向けるべき相手は日本帝国主義および蔣介石の国民党政府だとし、統一戦線の政治的性格を「抗日反蔣」と規定づけたことです。

なかでも、「蔣介石、汪精衛、張学良」の三人には「売国奴」というレッテルが貼られました。抗日の呼びかけのなかでも、国民党の軍隊や国民党に属する熱血青年への呼びかけはあっても、国民党中央への呼びかけはありませんでした。「宣言」のなかで「売国奴」と指定した三人のなかで、正真正銘の売国派は汪精衛だけで、張学良にいたっては、翌三六年、蔣介石と国民党主流を抗日統一の方向に転換させるうえで歴史的な役割を果たした人物です。「宣言」の国民党陣営分析が、いかに主観的なものであったかは、この一事を見てもわかります。

第二は、全国民的な抗日救国の統一戦線というこの呼びかけの立場は、当然、ブルジョアジーや小ブルジョアジーに対する中国共産党の態度の変更をともなうものです。この問題は、これらの階層を、政治的に無権利な階層としてきた革命根拠地の権力体制、ソビエト制度の是非の検討に発展する性格をもっていました。しかし、この段階では、転換はそこまでおよびませんでした。

逆に、王明は、コミンテルン大会での演説では、植民地諸国における革命運動の前途を論じて、反帝国主義統一戦線のために積極的にたたかってこそ、運動の次の発展段階で、「プロレタリアートのヘゲモニーとソビエト権力のための闘争」を準備できるのだと力説したうえで、すでにソビエト権力が国の一部でうちたてられている中国では、反帝国主義統一戦線戦術の適用がソビエト革命のための闘争を強化している、と次のように論じました。

「植民地国における全共産主義者は、ソビエト権力がすでにその国の一部で実現している中国のような国の状況下では、反帝国主義人民戦線戦術の正しい適用が共産党――プロレタリアートのヘゲモニーを確立し、ソビエト革命のより一層の勝利のために闘っている――の立場と影響力を弱めるどころか、むしろ逆に強化するものであるという確固たる信念をもたなければならない」。これは、王明と中国代表団だけではなく、コミンテルン指導部がこの時点で共有していた立場でした。

ディミトロフの報告にもとづいて採択された大会決議は、「抗日反蔣」の路線という点でも、反帝闘争におけるソビエト権力の意義づけの点でも、「八・一宣言」（および王明報告）の二つの問題点を逆に拡大する内容を持っていました。

「中国では、ソビエト運動の拡大、紅軍の戦闘力の強化が、全国にわたって反帝国主義人民運動を展開することとむすびつけておこなわれなければならない。この運動は、帝国主義的抑圧者に反対し、なによりもまず日本帝国主義と中国におけるその従僕どもに反対する武装人民の民族革命闘争というスローガンのもとで、すすめられなければならない。ソビエトは、全中国人民をその解放闘争に結集する中心点とならなければならない」(ディミトロフ『反ファシズム統一戦線』国民文庫一九六七年新訳版　二〇六〜二〇七ページ)。

ここに出てきた「日本帝国主義と中国におけるその従僕どもに反対する武装人民の民族革命闘争」という言葉は、まさに「抗日反蔣」の路線をさしたものでした。

また、ディミトロフ報告の前におこなわれた執行委員会の活動についてのピーク報告では、中国におけるソビエト革命が口をきわめて絶賛され、ソビエト政権を生みだした中国革命に「植民地革命の模範」という評価まで与えられました。

「世界史上はじめて、中国では民族革命の解放闘争がプロレタリアートと農民の無制限の革命的・民主的執権をもたらした。世界史上はじめて、半植民地における反帝国主義・農業革命がソビエト権力のための闘争という形態をとって進んだ。こうしてひとつの植民地国で、じっさいにソビエト権力の樹立の可能性が証明された。このソビエト権力はプロレタリアートと農民の革命的・民主的執権という国家形態をとり、ブルジョア民主主義革命から社会主義革命への移行を保障するものである。

中国革命は最初の植民地革命の模範である」（ピーク『統一戦線への歴史的転換』国民文庫版　七三ページ）。

最初の成功――東北軍（張学良）との連合

中国共産党の中央は、コミンテルン第七回大会が開かれた三五年七月～八月には、長征の最後の時期にあり、大会の新しい方針に接することはできませんでした。中央紅軍は、同年一〇月、陝西省《せんせい》で活動していた紅軍やその他の地方から北上してきた紅軍と合流し、陝西省・甘粛省《かんしゅく》の北部に新たな革命根拠地をきずくことになりました。そこへモスクワの代表団が派遣してきた使節が到着、コミンテルンの新方針や「八・一宣言」の内容を初めて知ることになりました。そして一二月には、政治局会議（瓦窰堡《がようほ》会議）を開いて、新方針の具体化を図りました。この会議が、「八・一宣言」の内容にくわえて、ソビエト形態の枠内ではあるが、民族統一戦線の立場から、小ブルジョア大衆や知識分子、富農や民族商工業資本家に対する政策を変更し、国家の名称も「労農共和国」から「人民共和国」に改称する政策転換をおこなったことは、統一戦線政策のその後の進展に照らしても、重要な意味をもつものでした。

一方、国民党政権の方は、紅軍が西北地方に向かいつつあることを知ると、ただちにその武力殲滅《せんめつ》を狙う対応措置にのりだしました。一〇月には、陝西省の省都西安に「西北剿匪《そうひ》総司令部」を設置しました。名目は総司令・蒋介石、副司令・張学良（東北軍司令官）でしたが、実際には、張学良に総司令の職務を代行させ、彼の指揮下の東北軍をそれまで駐在していた河南・湖北から西北に移動させて、東北軍に紅軍殲滅作戦をやらせようというもくろみでした。また楊虎城《ようこじょう》が指揮する西北軍も、張学良の傘下に入ってこの〝剿匪〟作戦に参加するものとされました。

だが、この東北軍は、日本軍が東北地方侵略戦争を開始した時、蒋介石の命令で、戦わないまま後方へ、ついで河南・湖北へと移動させられた軍隊で、政府軍の中でも、故郷である東北地方回復の熱望とともに抗日戦待望論がもっとも強くみなぎっている軍隊でした。「八・一宣言」では、張学良は汪精衛なみの「売国奴」と規定されていましたが、現地の共産党の方は、東北軍のこうした実情も張学良の性格もよく知っていました。そこで、モスクワでの見当違いの判定にはとらわれず、蒋介石によって〝剿匪〟作戦の第一線にかりだされた張学良と東北軍を、抗日統一戦線工作の最初の相手として見定めたのです。これはまさに正解でした。

外国人記者として最初の〝紅区〟（ソビエト地区）入りをめざしたアメリカのジャーナリスト、エドガー・スノーは、一九三六年夏、西安に入りますが、その時にはすでに張学良の東北軍と紅軍の間には緊密な同盟関係が成立していました。スノーは、そこに至る経過を、簡潔だがリアルに次のように説明しています。

「張がその司令部を西北に移したとき、かれは紅軍に対して精力的な作戦をはじめた。しばらくの間かれは若干成功を得た。けれども一九三五年一〇月、一一月に東北軍は惨敗を喫し、完全に二

1930年代の中国

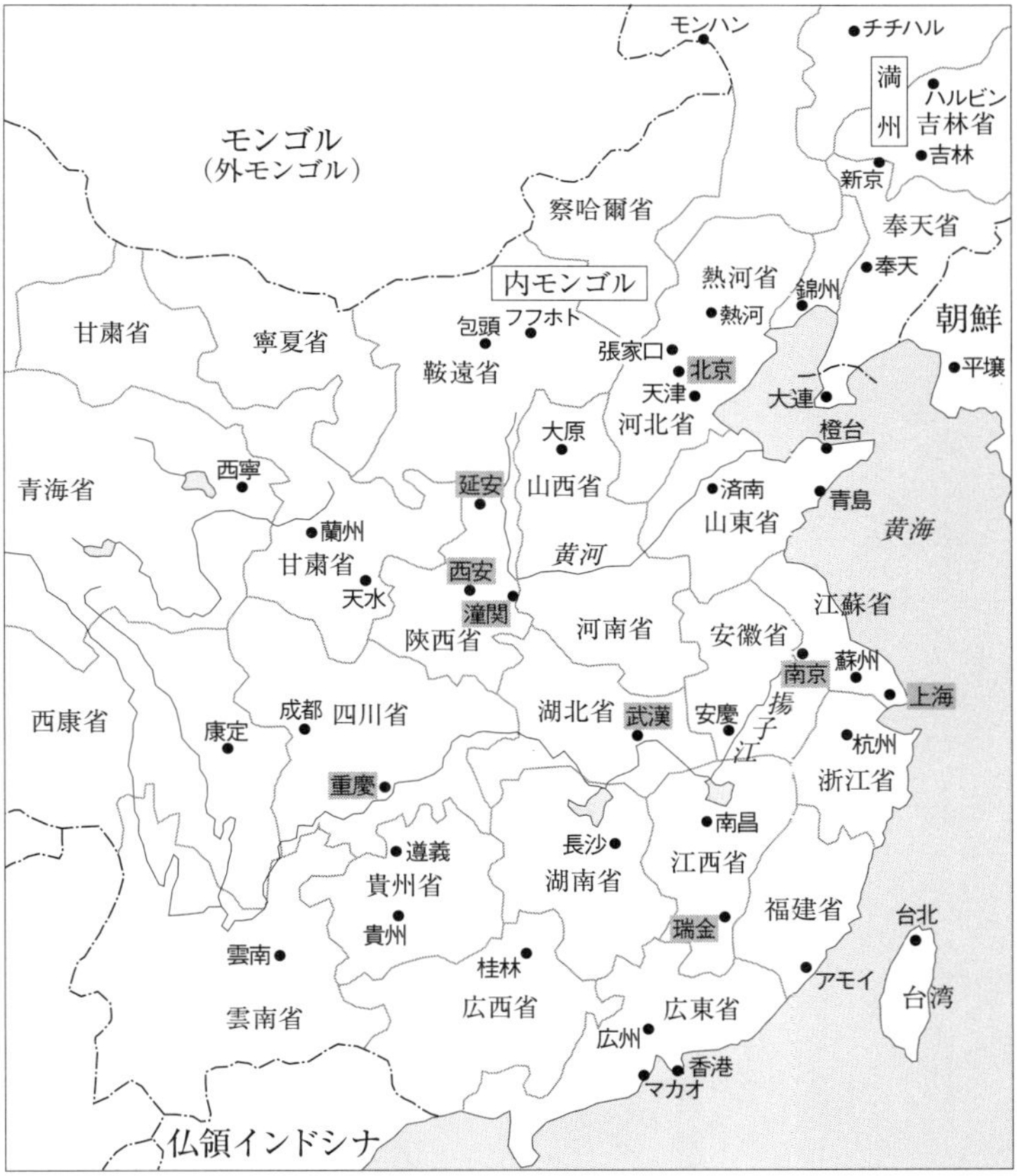
モンハン
チチハル
満州
ハルビン
吉林省
吉林
新京
モンゴル
(外モンゴル)
察哈爾省
奉天省
奉天
内モンゴル
熱河省
錦州
熱河
朝鮮
甘粛省
寧夏省
包頭
フフホト
鞍遠省
張家口
北京
平壌
天津
大連
大原
河北省
橙台
青海省
西寧
延安
山西省
済南
青島
蘭州
山東省
黄海
黄河
甘粛省
西安
天水
潼関
江蘇省
陝西省
河南省
安徽省
蘇州
南京
上海
西康省
成都
四川省
湖北省
武漢
安慶
揚子江
康定
杭州
浙江省
重慶
南昌
長沙
遵義
貴州省
湖南省
江西省
福建省
瑞金
台北
貴州
雲南
桂林
アモイ
台湾
雲南省
広西省
広東省
広州
香港
マカオ
仏領インドシナ

個師（第百一師と百九師）と百十師の一部とを失った。数千の東北軍兵士が紅軍に転向した。多くの将校も俘虜《ふりよ》となり、『抗日監視』の期間抑留された。

これらの将校が釈放されて西安に帰ると、かれらはソビエト区の士気と組織を説明し、特に紅軍の内戦を停止し、中国を平和な民主的方法で統一し、日本帝国主義に反抗するために連合せんとする誠意のあること等烈々たる報告を青年元帥に持ち帰った。張は感銘を受けた。『中国人は中国人と戦うべからず』と『われらと連合して満州へ帰ろう』という紅軍のスローガンは全東北軍の一兵卒にも浸みこみ、全軍の感情は紅軍作戦に反対しつつあるという、麾下《きか》各師からの報告に張はますます感動を受けた。

そうこうするうちに、張自身左翼の影響を大いに受けた。かれの東北大学の多くの学生が、西安にやって来てかれと一緒に働いていたが、かれらのあいだに共産党員がいた。一九三五年一二月の北京における日本の要求の後に、かれは華北にたいし全抗日学生はその政治的信念のいかんにかかわらず、西安府では避難所を得られると呼びかけた。全中国の抗日扇動家が南京政府により逮捕されていたのに、陝西ではかれらは激励され保護されていた。張の青年将校のある者も学生により非常に影響を受け、捕虜となった将校が紅区から帰り、同地区では公然たる抗日大衆組織が活動していると報告し、紅軍の人民間における愛国的宣伝を述べるや、張はますます紅軍は敵というよりは当然の盟友だと考えるようになった」（スノー『中国の赤い星』一九三七年、初邦訳版〔上〕四六年三八～三九ページ）。

こうして三六年一月、共産党と張学良とのあいだの交渉が始まり、二月には、紅軍と東北軍の間で、共同抗日、相互不可侵、通商の便宜供与の取り決めが結ばれ、三月には、西安に中国共産党の常駐代表がおかれることになりました。続いて、四月に張学良と周恩来《しゅうおんらい》との延安《えんあん》会談が実現し、蒋介石についての評価を保留しながら、抗日のために国防政府、抗日連軍の組織をめざすという大方向での一致を確認し合い、今後の軍事行動でたがいに連携を図ってゆくことも申し合わせました。また、西北軍の楊虎城とのあいだにも、これと並行して、東北軍ほどの緊密さはありませんでしたが、ほぼ同様な連携が進み、紅軍、東北軍、西北軍のあいだに抗日の共同戦線が形成されてゆきました。

エドガー・スノーが西安に足を踏み入れたのは、張学良・周恩来会談から二カ月ほどたち、西安がまさに抗日統一戦線の拠点といった様相を呈していた時点でした。スノーはその様子を次のように描き出しています。

「東北軍と共産党の協定の履行の第一歩は、陝西における対敵行動の中止で、いずれの側も他方に通知せずして移動はしないこととなった。紅軍は若干の代表を西安府に送り、かれらは東北軍の制服を着用し、張学良の幹部に加わり、かれの軍隊の政治訓練方法を改組するのに助力した。新しい学校が王柱村《ワンチユツウン》に開かれ、ここで張の下級将校は、政治・経済・社会科学・日本の満州征服方法とこれによる中国の損失状況の詳細な統計的研究等充実した講義を受けた。数百の急進的な学生が西安に集まり、他の抗日政治訓練学校に入学したが、ここで青年元帥もしばしば講義を行った。ソビエト・ロシアと中国紅軍が使用している政治委員制度のようなものが、東北軍で採用された。満州時代からの一群の旧式な封建的高級将校は淘汰され、かれらの補充に張学良はもっと急進的な青年将校を昇進せしめ、かれはかれらをば新しい軍隊の編成における主要な支柱とみなしたのである。張の『遊蕩児』時代にかれを取り巻いていた腐敗せる阿諛《あゆ》者の多くは追い払われ、そのかわりに熱心な真面目な東北大学生が採用された。

けれども以上の変化の過半は、極秘のうちに進展した。東北軍はもはや紅軍と闘わなかったけれども、山西と陝西の境界に沿ってまた甘粛《かんしゅく》と寧夏《ねいか》には南京の軍隊があり、以上の地方では猛烈な戦闘が継続していた。張と共産党との本当の関係については、新聞には一言も掲載されなかった。そして蒋介石の西安にいた密偵は、何かが発酵しつつあると感づいてはいたが、その本当の性質の詳細はほとんど掴めなかった。時々紅軍の乗客を乗せてトラックが西安に着いた。だがかれらはすべて東北軍の制服を着ていたので、何とも思われなかった。そして他のトラックが西安から紅区へ時々出発しても、何らの嫌疑をも受けなかった。けだしそれは前線に向かう他の東北軍トラックと似ていたからである」（前掲書四〇～四一ページ）。

紅軍と東北軍および西北軍との連携が進行した三六年六月、中国共産党はコミンテルンとの電信連絡の回復に成功しました。これによって、コミンテルンとの恒常的な関係の確立が可能になり、共産党は、早速このルートを通じて、西北地方における統一戦線工作の成果とその到達点について、詳細な報告をモスクワに送りました。

新段階への前進――蒋介石問題

抗日統一戦線路線の第二の発展は、国民党政権の首領である蒋介石を、抗日闘争の同盟者となりうる統一戦線の対象として位置づける、という点にありました。蒋介石は、その残虐な弾圧に抗して中国共産党が十数年にわたって激烈な戦争をたたかってきた相手であり、コミンテルン第七回大会でも、日本帝国主義とならぶ抗日統一戦線の主敵と規定してきましたから、この発展は、中国共産党にとってもコミンテルンにとっても、文字通りの大転換でした。

国民党政権とソ連との秘密軍事協定交渉　この新しい発展の客観的根拠となったのは、第一に、抗日とそのための国民的統一を求める要求と運動の中国全土にわたる高まりがありましたが、同時に重要な意味をもったのは、蒋介石政権の側にも従来の路線の転換を迫られる事情が生まれつつあったことです。日本に譲歩をすればするほど、日本が中国にたいする侵略要求を拡大するという状況に直面して、蒋介石政府も、次第に譲歩政策にとどまってはおられず、抗日政策への転換の道を探究せざるをえなくなってきたのです。

蒋介石政権の側のこの事情に最初に触れたのは、ソ連政府とスターリンでした。

日本が、〝満州〟から華北へと侵略の手を伸ばしつつあった一九三五年七月、国民党政府から、中国駐在のボゴモロフソ連大使に、「ソ連は中国と相互援助条約を結ぶつもりがあるか」との打診がありました。そして、同年一〇月には、蒋介石自身がボゴモロフと秘密裏に会い、〝ソ連と秘密軍事協定を調印したい〟ということを明確な言葉で提起しました。ソ連側は一二月にこの提起への肯定的な回答をおこない、それに応じて、軍事協定交渉のために国民党政権の代表団が秘密裏にモスクワに派遣されました。

しかし、蒋介石政権の側には、現実にソ連との軍事協定の交渉に入る前に解決しておかなければならない大前提がありました。それは、中国共産党に国民党政権に反対する闘争をやめさせ、国民党政権の指揮統制に服従するようにさせることでした。

三六年一月、国民党政権がこの問題をボゴモロフとの交渉にもちだすと、ソ連側は、〝それは国民党と中国共産党との直接交渉で解決すべき問題だ。ソ連は、モスクワに両党の交渉の場所を提供することはできるが、調停者の役割を演じることはできない〟という態度をとりました。結局、この問題がネックになって交渉は中断し、その間に国民党内の右派勢力から秘密交渉問題がマス・メディアに暴露されるという問題も起き、いったんモスクワに派遣した代表団も三六年三月には呼び戻されて、国民党政権とソ連との軍事提携の問題は、この時点でいわば凍結状態になったのでした［★］。

★ 国民党政権とソ連とのこの交渉経過は、沈志華編『中蘇関係史綱　一九一七〜一九九一年中蘇関係若干問題再検討』（二〇一一年　社会科学文献出版社）によりました。

しかし、この経過は、蒋介石政権が、日本の侵略者に対する譲歩と降伏の政策で一貫しているわけではなく、自分に有利な条件がととのうならば、抗日政策に転換することを、少なくとも一つの選択肢として持っていることを、事実で示したものでした。秘密の軍事協定というのは、抗日戦争を想定して、あるいは日本のこれ以上の侵略を阻止するためにソ連の軍事援助がほしいという意思表示にほかなりません。スターリンにとっては、蔣介石政権をソ連の影響下に引きこむ有力な機会が提供されることになります。この機会を生かすためには、蔣介石を「売国奴」の頭目と断じ「抗日反蔣」を旗印としたこれまでの統一戦線政策の再検討と転換が必要になります。

コミンテルンからの指示――「連蔣」政策への転換　コミンテルン書記局は、三六年七月二三日、中国問題についての会議を開きました（王明をはじめ中国共産党の四人の代表が参加）。ここで、次の内容の新しい方針を決定しましたが、そこに、秘密交渉以後の、ソ連政府、特にスターリンの蔣介石政権に対する新たな評価が強く反映したことは、時期的な経過から見ても明らかだと思います。

この決定は、スターリンの承認を得て（八月一三日）、八月一五日、六月に回復したばかりの電信を使って、中国共産党中央委員会にたいする「コミンテルン執行委員会書記局の指示」として打電されました。

この八月指示の新しい内容の中心は、次の点にありました。

1．［「反蔣」から「連蔣」へ］蔣介石と日本の侵略者とを同列に論じることをやめ、蔣介石および国民党との抗日協定の締結をめざすべきである。

2．［ソビエトから民主共和国へ］抗日統一のために、党として、全国的な統一した民主共和国の樹立をめざし、その実現の過程でソビエト区を統一した民主共和国のなかに組み込むことを、声明すること。

3．［**土地政策の変更**］不必要な没収をやめ、小土地所有者の土地や抗日戦争に積極的に参加している士官と兵士の土地は二度と没収しないこと。

この指示が、最後のところで、〝張学良との連絡を維持し、彼の軍隊のなかで活動を広めることは認めながら、「張学良本人を頼れる同盟者とみなす」こと〟を、きびしく戒めていたことは、張学良にたいするコミンテルン自身の根深い不信を示すものとして、注目される点です。

中国共産党の新路線　外交交渉の内容は、結果が公然の事実とならないうちは、当事国の共産党にも漏らさないのがスターリンの流儀でしたから、この時も、ソ連と蒋介石政権とのあいだの秘密交渉の問題は、中国共産党にはおそらく伏せられたままだったと思います。

しかし、中国共産党の側にとっても、この転換は時宜に適したものでした。「反蒋」を認めるかどうかは、張学良との連合交渉の場合にも、一番理解を得るのが難しかった問題でしたし、日本帝国主義のますます拡大する侵略行動を前にして「抗日統一」を求めて高まる民族的世論の中でも、国民党を含む統一を求める声が強くあることは、中国共産党自身がよく知っていることでした。また、革命根拠地の国家形態をソビエトから民主共和国に改める問題は、農業革命の方式の転換とともに、すでに三五年一二月の瓦窰堡《がようほ》会議の決定によって、着手しはじめていた問題でした。

ですから、中国共産党は、コミンテルンのこの指示を受け入れて、八月二五日、「中国国民党にあてた書簡」を発表しました。この「書簡」で、共産党は、蒋介石が、同年七月に開かれた国民党の二中全会での報告で、「領土・主権」の侵害を絶対に許さないという決意を表明し、「すべての救国勢力」を結集する必要を強調したことを評価したうえで、内戦の中止と「新たな国共合作」を呼びかけました。また、共産党が「全中国的な統一された民主共和国の樹立」に賛成し、それが樹立された場合には、ソビエト区はその一構成部分となり、全中国と同様の民主制度を実行する、という態度をも明らかにしました。

ただ、張学良にたいする評価と態度については、コミンテルンの見方は事実を見ないあまりにも主観的なものでした。政治局では、東北軍工作と統一戦線の連絡に関するすべての事項は毛沢東の管轄とすることを決め、抗日闘争における東北軍などとの連携は維持しつづけました。中国共産党がこの点で自主的態度をとっていなかったら、西安事変での張学良の決起に際して、共産党があれだけの主導的役割を果たすことはできず、その後の抗日闘争の歴史も大きく書きかえられていたことでしょう。

こうして、中国の抗日統一戦線をめざす闘争は、第二次国共合作をめざす新しい段階にはいってゆきました。

「連蒋」か「逼蒋」か――内在する対立点

この時点では、これらの新しい動向はまだ表面化していませんでした。蒋介石政権を打倒目標とする「反蒋」路線から、同政権との抗日連合を目標とする「連蒋」路線に転換したと言っても、スターリンと中国共産党のあいだには、そこに至る道程の理解には、大きな違いがありました。

スターリンは、蒋介石との統一戦線の問題は、蒋介石政権がソ連との秘密軍事協定を求める立場を明らかにしている以上、中国共産党が「連蒋」路線に転換しさえすれば、基本的に解決したことになると考えていました。そして、この時から、スターリンにとっては、蒋介石政権は、中国で連携をはかるべき主要な政治勢力となったのでした。

その頃、ヨーロッパでは、スペインで、共和国政府がソ連に軍事援助を求め、ソ連がそれに応じて唯一のスペイン支援国家になったことが、スペイン共和国をソ連の影響下に組み込む第一歩となるという事態が、ほぼ同時並行的に展開しつつありました。スターリンの目には、中国への軍事援助の開始は、ソ連＝中国関係に、それと同じような転換を引き起こす可能性をはらむものとして映っていたのかもしれません。

しかし、中国で求められる抗日統一戦線は、スペインの統一戦線ともヨーロッパの他のどの国の統一戦線とも異なる、また中国の大革命の時期の第一次国共合作とも異なる特別の性格をもっていました。それは、「連蒋」政策が目標とする統一戦線が、二つの政権、革命政権と反革命政権との統一戦線だということです。抗日の目標での一致にもとづく統一を追求するという場合、連合が問題になっているのは、中国社会が当面している社会変革の課題、民主主義革命の任務については相反する立場にたつ二つの政権です。この二つの政権が、革命の諸課題の解決は抗日戦争の勝利後に解決する問題として保留しつつ、抗日救国という緊急の民族的要求にもとづいて連合戦線を組もうというのです。それには、抗日の意志だけでなく、それぞれの側が、この緊急問題に対応できるように、自分の立場を調整する必要がありました。

中国共産党は、三五年一二月（瓦窰堡会議）と三六年八月（中国国民党宛書簡）の方針転換で、この政策的調整を基本的にやり終えていました。しかし、国民党の側は、ソ連との軍事協定にふみだし、中国共産党との関係を改善するところまでは検討していましたが、中国の国内で革命政権との共存を認める立場とは、まだまったく遠い地点に立っていました。現実の情勢では、蒋介石政権のこの態度を変更させ、現実に抗日統一戦線に道を開くまでには、さらに多くの闘争、複雑な政治的過程が必要でした。

ところが、スターリンは、事態のこの複雑さを見ないで、この段階で、蒋介石との問題を、基本的にはすでに解決済みであるかのように位置づけていたのです。

中国側は、現在、党史的な立場から、この段階でのスターリンとの立場の違いを、「逼蒋《ひっしょう》抗日」路線と「連蒋抗日」路線の違いとして、特徴づけています［★］。スターリンが、蒋介石政権がソ連との軍事提携の立場に踏み切ったことをもって、「連蒋抗日」の条件はすでにととのったとするのに対し、中国共産党は、蒋介石政権に統一抗日を迫る闘争を粘り強くおこなってこそ、連合を実現することができるし、いったん連合が実現した後にも、抗日の態度を弱めたり革命政権の破壊を図ったりする逆流とたたかってこそ、抗日連合を維持することができる、という態度をとるべきだとしたのです。「連蒋」か「逼蒋」かというこの特徴づけは、両者のあいだに内在した相違点をなかなか的確に表現したものだと思います。この根底に、スターリンの大国主義の独特の現われ――蒋介石政権との関係を重視するソ連の国家戦略を第一義において、中国の革命運動の問題を従属的にしか考えない傾向――があったことを、見落とすわけにゆかないでしょう。

★中国の革命史研究書から　たとえば、劉傑誠『毛沢東とスターリン』（一九九三年　中共中央党校出版社）は、この時期以後の中国共産党の路線とスターリンの路線との主要な相違点をここに求め、その角度から革命運動史の叙述をおこなっています。

この問題は、その後、さまざまな時期に両者の立場の違いをひきおこし、第二次世界大戦後の革命戦争に対する根本的な対立にまでいたったのでした。

（三）西安事変。その経過と結末

張学良、死中に活を求める

実際、共産党の統一への呼びかけに対して、国民党の側からはなんの反応もありませんでした。逆に、全国に高まる抗日の波を抑えるために、全国救国会に結集した各界の著名人を逮捕、救国の声をあげる雑誌を片っ端から禁止するなどの暴挙に乗り出しました。

そして、蒋介石は、西北地方の革命根拠地をつぶすための新たな、より大規模な〝剿匪《そうひ》〟作戦を企てました。そして、張学良が共産党にたいする絶滅戦争ではなく、抗日戦争を求めていることを知ると、張学良らを切り捨てる覚悟を固め、一九三六年一二月四日、参謀部の全員と選りぬきの親衛隊を率いて西安に乗り込んできました。同時に、西安の飛行場には、〝剿匪〟作戦の切迫を象徴するかのように、南京から八〇機の最新式爆撃機が到着してその威容を誇示しました。蒋の指揮下の特務警察部隊は数カ月前から西安に入って、各地に秘密の本部を設け、急進勢力の逮捕・監禁・殺害などの作戦を開始し、すでに西安を事実上制圧していました。

こうして西安を軍事的・警察的な威圧体制下においたもとで、蒋介石がとった行動の経過を、エドガー・スノーは次のように記述しています。

「蒋は東北軍と西北軍の将領と、かれらの希望通り一緒に会見することを拒絶し、別々にかれらと語って、各種の手段を用い両者の連合を破壊しようとした。この種の努力も失敗に帰した。すべての者がかれの最高統帥を承認したが、誰でも新たな総攻撃への参加を好まぬことを表明し、すべて綏遠《すいえん》［★1］の抗日戦線に送られることを要求した。かれらすべてにたいして蒋は只一つの命令『赤を剿滅せよ』を与えた。蒋は自分の日記へ次のように記している。『剿匪戦はこれまでに実行された以上、最後の五分間で最後の勝利がえられるだろうとかれらに語った。』

かくして一切の反対や警告にも拘らず、委員長［蒋］は十日に総参謀部会議を召集し、この際第六次総攻撃を実施する最終計画が正式に決定した。西北軍、東北軍、甘粛《かんしゅく》・陝西《せんせい》にある中央軍、及び潼関《どうかん》［★2］に待機している中央軍に対して動員令を下す準備が行なわれた。動員令は十二日に下令されると宣言された。もしも張学良がこの命令を拒絶するならば、かれの軍隊は中央軍によって武装を解除され、かれ自身指揮権を剥奪されると、公式に声明された。既に張学良に代わって、蒋鼎文《しょうていぶん》将軍が剿匪行営主任に任命された。同時に張と楊［★3］の耳へ、藍衣社《らんいしゃ》［★4］と警察がかれらの軍隊内の共産党同情者の『ブラックリスト』を準備しており、動員下令後直ちにそれらの者を逮捕する予定であるとの報が入った」（前掲『中国の赤い星』下　二一九～二二〇ページ）。

★1　**綏遠**　内モンゴルの一省で、一九三六年末、日本の関東軍の進攻を受け、抗日戦の最前線となっていました。

★2　**潼関**　陝西省東端、黄河と渭水《いすい》との合流点にある県。中原（河南方面）から関中（陝西）に入る交通の要衝とされ、後漢時代にここに関が設けられました。

★3　**楊**　楊虎城《ようこじょう》（西北軍の司令）のこと。張学良の東北軍とともに、紅軍との連携関係にありました。

★4　**藍衣社**　蒋介石を永久最高の領袖としていただく反共秘密結社。一九三一年ごろ、黄埔《こうほ》軍官学校［＊］出身の軍人を中心に結成され、非軍人系の「C・C団」（陳兄弟を中心としており、「陳」の頭文字の「C」を重ねて団体の名称としていた）とともに、蒋政権を暴力的に支える二つの支柱をなしました。

＊　黄埔軍官学校は、孫文が大革命を指導していた時代、一九二四年六月に革命軍の幹部を養成する目的で設立した学校で、校長は蔣介石、初期には、周恩来が政治部副主任となっていました。蔣介石は、ここで、自分の手兵となる反共軍事幹部の育成・結集につとめたのでした。

蔣介石と国民党は、スターリンが期待した抗日統一への前進どころか、西北地方を激烈な内戦の舞台にしようとしていたのでした。そんなことになれば、日本帝国主義は華北・内モンゴルに侵略を拡大する絶好の条件を手にいれ、中国は、打開のすべを持たないまま、さらに重大な民族的危機を迎えざるを得なかったでしょう。

この情勢に一撃を与え、危機打開の道を開いたのが、〝死中に活を求めた〟張学良の決起でした。

張学良は、明日動員令が下るというその前夜、一二月一一日の夜遅く、楊虎城とともに緊急の軍事会議を召集し、蔣介石と全幕僚を逮捕して新たな反共戦を阻止することを決議し、一二日早朝、その軍事行動を開始し、蔣介石と幕僚を逮捕、国民党や藍衣社の拠点を含む西安市内の重要個所をすべて占拠して、二時間ほどのあいだに、西安の全域を手中に収めたのでした。蔣介石は宿舎を脱出しましたが、裏の岩山で〝丁重に〟逮捕されました。この間の蔣介石側の死傷者は二〇名足らずだったと言われます。

張学良は、決起の成功後、「国民に対する通電」を発表し、「われわれは蔣元帥に向かって最後の勧告を致し、この間その安全を保証し、その覚醒を促した」として、蔣にたいして次の八項目の要求を提出したことを明らかにしました。

「一、南京政府を改組し、各党各派の参加を許し、ともに救国の責任を負わしめること。
二、いっさいの内戦を停止すること。
三、即時上海で逮捕された愛国領袖を釈放すること。
四、全国のすべての政治犯を釈放すること。
五、民衆の愛国運動を解禁すること。
六、人民の結社集会などすべての政治的自由を保障すること。
七、孫総理［孫文］の遺嘱《いしょく》［★］を実現すること。
八、ただちに救国会議を召集すること」。
問題は、この決起にたいして、蒋介石および南京の国民党とその政府がどういう態度に出るかにかかっていました。その対応いかんでは、これが内戦のあらたな局面を開く危険性も、その瞬間には否定できませんでした。しかし、張学良の決起が、従来通りの反共・親日の路線で行くか、連合・抗日の路線に転換するかの選択を、中間的な余地のない鋭い形で蒋介石と国民党に迫るものとなったことは、明白でした。

★ **孫総理の遺嘱**　孫文の一般方針ではなく、「連ソ容共」の路線を指しています。

中国共産党が調停者の役割を果たす

中国共産党は、張学良の決起を事前にはまったく知りませんでした［★］。スターリンが、一二月一四日に西安事変の報を聞いて、これを中国共産党と張学良が共同で仕組んだ陰謀だとして、モスクワにいた王明にまでその罪をなすりつけようとしたのは、まったくの主観的な思い込みでした（本巻一四一〜一四二ページ参照）。蒋介石問題は解決済みだと思い込んだスターリンの視野には、蒋介石が反共大攻勢を企てている現実の危険性など、まったく入っていなかったのです。それが、張学良を日本帝国主義の手先扱いした「プラウダ」や「イズベスチア」の異常な〝報道〟となって現われ、多少とも実情を知った心ある人々を驚かせたのでした。

★　蒋介石の回顧録から　蒋介石は、回顧録『中国のなかのソ連』（一九五六年）のなかで、最初は、張学良の行動の背後にあるのは中共で、中共が主謀者だと考えたが、後で真相は違っていたことがわかったとして、こう書いています。

「全世界を揺るがしたこの西安事件の真相は後になって明らかになった。人々が全く意外に思ったのは、そのイニシアチブをとったものが実は張学良自身であり、私を監禁するよう真っ先に主張したのが楊虎城であったことである。しかも彼らはこのことについて事前に中共とは何の話し合いもしていなかったことである」（邦訳『中国のなかのソ連――蒋介石回顧録』時事通信社　一九五七年　七三ページ）。

突然起こったこの事件にたいして、中国共産党がどういう態度で臨み、どういう役割を果たしたのか。この問題については、私はまだ、中国側からの詳細な解説を見たことがありませんが、最近の中国では、歴史的文献集としてはかなり立ち入ったものが公刊されています。西安事変についても、中国の中共中央党史研究室の編集による『コミンテルン、ソ連共産党（ボ）と中国革命・文献資料選集（一九三一～一九三七年）』（二〇〇七年）には、「西安事変に関する電文三四通」（一九三六年一二月～一九三七年二月）の項目に、党中央がかかわったこの時期の主要な電報が収録されており、そこからことの事実経過をかなり読み解くことができます。

それ以外の文献資料も補足しながら、これを読んでゆくと、事変への対応は、次のように進展していったようです。

（一）最初の段階で　張学良の決起を知った最初の段階では、張が「反蔣」の立場で決起したのか、後で張自身が特徴づけたように「兵諫《へいかん》」、つまり武力をもって蔣介石を諫《いさ》める立場で決起したのか、判断がつかなかったようです。だから、三六年一二月一三日に毛沢東と周恩来が張学良に打った電報では、国民党政府軍の南方面からの攻撃に対応する軍事的な準備と同時に、蔣介石の政治的罪状を暴露する問題などが、検討項目としてあげられています。

（二）「兵諫」に協力の方針をとる　張学良は中国共産党代表の西安派遣を要請して飛行機を党の根

拠地・陝西省保安によこしました。おそらく、この時の党と張側代表との直接の接触で、「反蔣」ではなく「兵諫」だという張学良の真意が党側に知らされ、中国共産党もそれに同意して、一二月一七日、蔣介石との話し合いに協力する方針で周恩来を中心とする中国共産党代表団一〇名が西安に向かったのだと思います。

これ以後は、中国共産党は、張と蔣のあいだで積極的な調停者の役割を果たし、西安事変を平和的に解決し、抗日統一戦線への道を開く転機とするために全力をつくすことになります。その日、周恩来が毛沢東と党中央に送った報告電報は、予想される南京政府軍の攻撃に対する防衛体制の問題のほかは、それまでの張・蔣の話し合いの状況の報告が中心でした。そこには、一七日朝、蔣鼎文（張学良に代わって剿匪総司令になることが予定されていた将軍です。本巻一七〇ページ参照）が解放され、「内戦を停止させる蔣の手紙」を持っていること、南京からは一八日に宋子文《そうしぶん》［★1］と于右任《うゆうじん》［★2］が来ることが記され、平和解決の方向への端緒が見えたというところですが、やはり、その成否は、蔣介石自身との交渉がどう進展するかでした。

★1　**宋子文**　蔣介石夫人である宋美齢《そうびれい》の兄で、国民党政権の首脳部の一人。

★2　**于右任**　国民党政府の監察院院長。

(三) コミンテルンの指示　このただなかに、コミンテルンからの指示電報が到着しました。これは、スターリンが西安事変の報を聞いて怒りを爆発させた夜（一二月一四日）の二日後、クレムリンの「五人組」（スターリン、モロトフ、カガノヴィチ、ウォロシロフ、オルジョニキーゼ）と協議して決めたもので、次の内容のものでした［★］。

「あなたがたの電報にこたえて、われわれは以下の立場をとるよう勧告する。

1．張学良の行動は、その意図がいかなるものであれ、客観的には中国人民の諸勢力が抗日統一戦線に結集することに有害なだけであり、中国にたいする日本の侵略を勢いづけるだけである。

2．今回の行動がすでに実行されており、われわれは現実の事態を考慮に入れなければならない以上、中国共産党は、以下の諸点を基礎に、この衝突の平和的解決を強力に支持すべきである。

①何人かの抗日運動の代表、中国の領土保全と独立を支持する人々を参加させて、政府を再組織すること。

②中国人民の民主的権利を保障すること。

③紅軍殲滅《せんめつ》政策の執行を停止し、日本の侵略に反対する闘争での紅軍との協力を打ち立てること。

④日本帝国主義の攻撃からの中国人民の解放に共鳴する諸国との協力を確立すること。

最後に、われわれはソ連との連合というスローガンは提起しないことを勧告する」。

★『ディミトロフ日記』一九三六年一二月一六日によります。

この指示の第1項は、「プラウダ」や「イズベスチア」の論説（本巻一四三～一四五ページ参照）にくらべればまだましなものでしたが、反共作戦の発動を阻止し、蒋介石政権の方向転換への道を開いた張学良の命がけの決起の意味をまったく理解しないものでした。第2項は、張学良がかかげた旗印の一部を並べただけのもので、現在の局面でそれをどうやって実現するかという肝心の問題については、なんの示唆も含まれていませんでした。

おそらく周恩来は、コミンテルンのこの指示を知らないまま、平和解決の方針をもって一二月一七日に西安に飛び立っていたと思います。指示は一二月一六日の発信になっていますが、西安とモスクワとのあいだには時差がありますから。実際、周は、一二月一八日、西安からの毛沢東と党中央あての電報で、「私は、コミンテルンとソ連の意見はまだ知らない」、「コミンテルンから電報があれば直ちに私に知らせてほしい」と書いています。

コミンテルンとソ連が自分の行動をどう評価しているかは、張学良もたいへん気にしていたようで、毛沢東は、一二月一七日の張あての電報で、「われわれは遠方〔モスクワのこと〕にいくつか報告をしているが、まだ返事はない」、貴兄の行動がたんなる軍事行動ではなく、民衆とつながったものだと知ったなら同情を寄せるものと思われるが、「ただ遠方政府は目下、外交対応のため、公にわれわれを賛助することはできないかもしれない」と、弁明的な解説をしています。それ以後の電報では、モスクワの件はもう取り上げられていません。

（四）周恩来、公然と調停役を果たす　周が西安に到着して四日後の一二月二一日、党の中央書記処は、周あてに、五項目の和平解決案を示し、張学良、楊虎城との協議で、その方向での交渉を求めたうえで、周恩来が、共産党を代表して、蒋介石や国民党代表と話し合い、調停者の役割を公然と果たすべきことを指示しました。

「貴兄は、共産党代表として、蒋［介石］、陳《ちん》［立夫《りつふ》。前述の「C・C団」兄弟の弟］、宋［子文］、閻《えん》［錫山《しやくざん》］［★］、于［右任］らと上記の条件と交渉にもとづき、公然と双方を調停すべきである」（「中央書記処が周恩来にあてた電報」三六年一二月二一日）。

★ **陳立夫**は、中国国民党中央の幹部で特務部門をにぎり、一九三五年ごろから共産党との連絡やソ連との交渉にあたってきた人物。**閻錫山**は、山西省に地盤をもつ軍人・政治家で、三六年、紅軍との戦争に敗れて以後、「連共抗日」路線をとなえました。

当時、事件を知った南京の国民党政府の側では、大きな内部的混乱が起こっていました。蒋介石救出のために張学良と交渉しようとする人々がいる一方、蒋介石を犠牲にしてもこの機会に東北軍と紅軍を一挙に撃滅しようと、大規模な内戦や西安爆撃をたくらむ親日右派の策動が活発になったのです。そのなかで、一二月二二日、宋子文らは右派の反対を抑え個人責任で西安に飛んできましたが、それに蒋介石夫人の宋美齢が続き、政府の重鎮・陳立夫と山西軍閥の首領・閻錫山らも加わりました。

こうして、南京からの代表も西安に到着して、周恩来が調停者の役割を果たす条件がととのったわけです。

周恩来は、一二月二二日、張学良、楊虎城とともに、まず宋子文と話し合ったことを手始めに、宋美齢との会談を含め、多面的な活動をおこなったようです。その間に蒋介石とも何回か話し合ったことは確実だと思いますが、手元の資料では、その日程の詳細は明らかではありません［★］。

★　周恩来は、西安到着以後、毎日少なくとも一通は報告を送っているはずですが、「電文三四通」には その一部しか収録されていません。

周恩来と蒋介石は初対面ではなく、実は大革命当時には、蒋介石が黄埔軍官学校の校長、周恩来は同じ学校の政治部主任で、一緒に仕事をした間柄でした。そして一九二七年、蒋介石が上海で反革命クーデターを起こした時には、周恩来はこの地方の共産党の責任者で弾圧第一号の対象となり、以来九年間、真っ向から対決してきたのでした。そういう歴史があり、しかも蒋介石が最初は共産党こそ自分の逮捕劇の首謀者だと考えていただけに、二人の対面は、特別の意味をもちました。

その周恩来が、一〇年前に同じ軍官学校で活動した者として、十分な敬意を示しながら、蒋介石を逮捕した張学良と、張の行動に怒りを燃やし前途に強い不安を抱いている蒋介石とのあいだで事実上の調停役を引き受けて、張学良の真意を説き、中国共産党の考えを真摯に説いたのです。西安事変の最終段階で実現したこの対面が、抗日政策への転換がもはや引きのばすことのできない緊急の課題となっていることを理解し、事変の平和解決と第二次国共合作への蒋介石の意思をかためるうえで、重要な役割を果たしたことは間違いないと思います。

蒋介石と抗日統一の合意に到達する

実際、これを転機に、蒋介石および国民党政府側と張学良側との交渉は、大きく進展しました。

(五) 平和解決と国共合作の合意

1. 周恩来は、蒋介石との会談をおえたあと、一二月二四日、中央書記処宛に、蒋介石が張学良に次の回答をした旨、報告しました。

(1) 西安攻撃の態勢をとっている中央軍を撤退、離脱させる。

(2) 孔祥熙《こうしょうき》[★1] と宋子文を政府(行政院)の中心にすえ、親日右派を排除するなど、政府の改造について張と協議する。

(3) 蒋が南京に戻ってから七人の愛国的指導者を釈放する。

(4) 共産党および紅軍との共同について、蒋が対外的にその態度を明らかにし、現在の紅軍とソビエト区は不変とする。張が秘密裏に紅軍を支援することを認め、(日本との) 抗戦の時には連合の行動をとり、(紅軍の) 部隊番号を変更する [★2]。

(5) 蒋は国民大会を開く意思がある。

(6) 彼はロシアとの連携、英米との連携を主張した。

★1 **孔祥熙** 蒋介石、宋子文、陳果夫《ちんかふ》(「C・C団」の兄) とともに「四大家族」といわれた国民党政権の大物。国民党政府の行政院院長代理。行政院院長は、後に日本の傀儡政権主席となった汪精衛でした。

★2 **部隊番号の変更**　紅軍に、国軍の正規の一部分としての部隊番号をつけるという意味です。

報告の最後に、周恩来は、次の注意事項を書き加えました。

「蔣はいま、西安の環境のなかで抗日の願望を持っているが、南京の環境は変わっておらず、彼はまた動揺に陥るだろう。現在、撤兵、組閣、わが方との秘密協議、公開宣伝の保証を求めている」（［周恩来、博古《はくこ》［★］が中央書記処にあてた電報］三六年一二月二四日）。

★ **博古**　本名秦奉憲《しんほうけん》。三一年以後、王明とともに中国共産党の指導部入りした幹部。一二月二四日、第二陣として西安に派遣され、代表団に加わっていました。

2．周恩来は、さらに翌二五日には、彼自身が宋子文、宋美齢と交渉した結果を、次のように報告しています。

（1）孔、宋が政府を組閣し、人々が満足する政府をつくり、親日派を粛清することを保証する。

（2）政府軍の撤兵・撤退については、宋子文と宋美齢が絶対責任をもつ。

（3）蔣の南京帰還後、愛国的指導者を釈放するという蔣の約束については、二人の宋がまず発表し、釈放に責任をもつ。

（4）ソビエトと紅軍は、当面、従来通りとする。二人の宋は、蒋が確実に共産党掃討を中止すること、張の紅軍への補給支援を認めることを、保証する。三カ月後に対日抗戦を発動し、紅軍の番号の再編成、指揮の統一、共同の行動をおこなう。

（5）国民大会の開催については、宋は、まず国民党会を開催し、政権を開放し、そのあとで各党・各派の救国会議を開催すると表明した。蒋は三カ月後に国民党を改組すると表明している。

（6）宋は、すべての政治犯をグループに分けて釈放することに応じ、孫［文］夫人［宋慶齢《そうけいれい》のこと］と方法を協議する。

（7）抗戦が発動されれば、共産党は公然化する［国民党の支配地域でも合法的活動を保証するということ］。

（8）外交政策は、ロシアと連合し、英、米、仏と連携する。

（9）蒋は、（南京）帰着後、自責の通電を発表し、行政院長を辞任する（反省の意思表示という形式的な意味で、実質的な辞任という意味ではない）。

（10）宋は、われわれ［共産党］に抗日・反親日派の後ろ盾になることを要請し、われわれが上海に人員を派遣して常駐させ、秘密裏に彼［蒋介石のこと］と接触するよう求めた。

3．同じ電報で、周は、「蒋は病気になっており、私は蒋と会見した。彼（蒋）は次のように表明した」として、その内容を次のように説明しています。

（1）共産党掃討を停止し、連紅抗日をおこない、中国が統一し、彼の指揮を受ける。

答のとおり）。
（2）宋〔子文〕、宋〔美齢〕、張〔学良〕が彼の全権を代表し、私と一切を解決する（蒋の張への回
（3）彼〔蒋〕の南京帰着後、私〔周〕は直接交渉できる。
これらの報告電報の内容は、西安事変の最後の段階で、周恩来、つまり中国共産党の代表者の参加のもとで、たいへん意味の深い、何重もの約束で支えられた合意が実現したことを物語っています。張学良が提起した抗日・連紅・民主の要求の主要部分が、蒋介石の張への回答（1）のなかに反映されています。そして、二人の宋がその実行を具体的な段取りとともに周恩来に保証し、最後に、蒋介石がそのすべてを、中国共産党の代表である周恩来に確約したのです。そして、そこには、この統一戦線の最大の問題である、紅軍と革命政権の実質的存続の確認も、明確に含まれていました。蒋介石が、紅軍の政府軍への吸収ではなく、部隊番号の変更をもって、統一の形態としたのは、そのことを具体的に表現していました。

（六）蒋介石の南京帰還に張学良が同行する　周恩来の電報は、最後に、合意が成立した後に、一つの重大な事態が起きたことを報告します。

宋子文が、合意した各項目の実行にあたるため、蒋介石と自分（宋）は今日（一二月二五日）、南京に帰りたい、と言い、張学良もそれに同行すると言いだしたというのです。周恩来は、そのことを聞いて、蒋介石の帰還前に合意事項を政治文書として表明すべきだし、張の同行には賛成できない旨、宋に回答を送りましたが、この回答が届く前に、蒋介石と二人の宋（子文と美齢）、張学良を乗せた飛

行機は、西安を飛び立ってしまったのでした。

周恩来は、電報の最後の部分で、こう書いています。

「これらのことから、蒋のここでの表明は確かに転換であり、〔宋〕子文への委託には確かに誠意があり、子文は確かに抗日の決意を持ち、行政院改組を手配すると判断される。ゆえに、蒋が出発し張も行ったことは遺憾だが、大体においては好転した」。

続いて、電報は、蒋介石が出発にあたって、張学良と楊虎城に次のように述べたと、付記しています。

「今日以前に起きた内戦は、君たちに責任があるが、今日以後に内戦が起きれば、私に責任がある。今後、私は絶対に共産党掃討作戦をしない。私には誤りがあり、それは認める。君たちにも誤りがあった。君たちも認めるべきである」〔★1〕。

蒋介石のこの言明は、たいへん意味深長なものでした。これまでの内戦は反政府の軍を起こしたものに責任があった、ということで、張学良や楊虎城の決起そのものは批判し（もちろん、この批判は紅軍にも向けられています）、自分の過去の行動を正当化しながら、今後の行動については、張らの「兵諫」をうけいれて、対共産党戦争をやらないことを約束し、内戦が起きたらそれは自分の責任だとまで明確にのべたのです。これは、西安での合意の到達点を蒋介石なりに表現したものでした〔★2〕。

★1　**蒋介石の最後の言明**　この言明は、イギリス人ジャーナリストのJ・M・バートラムの『中国の危機――西安事変の記録』（一九三七年、邦訳『内乱から革命へ』一九五三年　三一書房、改訳版『中国革命の転機』一九六六年　未来社）で、「あるかなり確実な報道」として紹介されていましたが、そこでは、機上で「楊虎城と護送してきた他の官吏たち」への訣別の辞とされていました。周恩来の電報で、この言明が確かに蒋介石の重要な言明だが、西安を出発する前に張学良と楊虎城に対して述べた言葉であることが、初めて明らかになりました。

★2　**三人の外国人ジャーナリストの記録**　これは補足的な注釈ですが、西安事変についての外国人ジャーナリストの記録に、すでにそれぞれ引用してきたスメドレー『中国の歌ごえ』（一九四三年）、エドガー・スノー『中国の赤い星』（一九三七年）、バートラム『中国の危機』（一九三七年）があります。このうち、スメドレーは病気療養で西安にいるときに事変に直面した女性、バートラムは西安事変のニュースを知って西安入りを思い立ち、事変の進行中に西安に到着して取材にあたった者、スノーは、事変のかなり前に西安を通過してソビエト区入りし、事変の直前にソビエト区から国民党支配地域に戻り、バートラムと連絡して取材を続けたなど、現場へのかかわり方はさまざまでしたが、三人とも西安事変を至近距離で観察したジャーナリストであることは共通でした。それだけに、その著作には、いずれも、当時の事変とそれをめぐる内外の状況をリアルに描き出した貴重な記録が含まれています。

ただ、どの著作でも、蒋介石と国民党政府代表、張学良および中国共産党の三者の交渉と合意の実情は、空白のままに残されています。今回、中国側の文献資料発表で目にすることができた「三四件の電報」は、この「空白の部分」をうめる意義をもつものでした。同時に、それによって、西安事変の性格と経過の大局にかんする限り、三人のジャーナリストの記録が事態をほぼ正確に描き出していたことが実証されたことも、三人の名誉のために、付記しておきたいと思います（ただ、スノーが、『中国の赤い星』以後に入手した資料によるとして、『中共雑記』〔一九五七年、邦訳・未来社　一九六四年〕第一章に書いた事変史の訂正は、多くの点で、歴史の事実と合致しないものでした）。

（四）西安事変以後。抗日戦争のなかで

西安の合意は蒋介石流に実行された

南京に帰還した蒋介石は、西安での合意を、蒋介石流のやり方で実行しました。

蒋介石は、まず事変を防止できなかった自分の失策を反省する声明を発表し、陝西からすべての政府軍を撤退させる命令を出し、内戦の停止の合意を実行しました。

続いて、三七年一月には、政府からの親日派の追放が始まりました。

二月、国民党中央執行委員会の全体会議・三中全会が招集されました。ここで、蒋介石は、国民に言論の自由を保障することや「悔悟した」政治犯の釈放を約束するとともに、出版界に対しては、今後共産党を〝匪族〟扱いする用語（「赤匪」、「共産匪」など）の使用を禁止する極秘の通達を出しました。さらに、蒋は、西安事変の反徒を非難してその要求を拒絶する演説や、共産党を弾劾する声明の

発表などをおこないながら、共産党に次の四つの点を条件として「新しい生活に入る」機会を与える、という提案をおこない、それが承認されました。この「四つの条件」とは、（1）紅軍を解消して国軍に編入すること、（2）「ソビエト共和国」を解体すること、（3）孫博士の「三民主義」と相いれない共産党の宣伝を停止すること、（4）階級闘争を放棄すること、です。「紅軍」の解消とか「ソビエト共和国」の解体とか言っても、それが実質的解体ではなく、名称を変えて実体を残すものであることについては、西安での合意がありました。

こうして蒋介石は、独特の巧妙なやり方で、自分の威信を傷つけることなしに、西安での合意を、いろいろと条件や制約をつけてですが、三中全会の公式の決定に盛り込み、共産党との協議の前提をつくりだしたのです。

三中全会のあと、三七年四月から六月にかけて、共産党と国民党とのあいだでは、西安合意を具体化するための会談が重ねられ、六月には周恩来と蒋介石の会談もおこなわれました。

この会談の継続中に、三七年七月七日、日本帝国主義は北京近郊の盧溝橋《ろこうきょう》での一事件を口実に華北侵略の一層の拡大を試みました。しかし、抗日民族統一戦線への前進を決断した蒋介石政府の対応は以前のような軟弱なものではなく、民族的な抗日の意志を背景に、侵略者への断固とした抗戦の態度に出ました。こうして、日本の侵略者が予想しなかった国をあげての抗日戦争が開始されました。

戦時体制のもと、国共両党の合意具体化の努力は加速され、三七年八月、紅軍は国民政府軍事委員会の指揮下の〝国民革命軍第八路軍〟と〝新四軍〟に再編され、ついでソビエト区も、「陝甘寧辺区《せんかんねいへんく》」

と名称を変更しました。こうして、抗日全面戦争が勃発する情勢のもと、紅軍と革命政権がその独自性を維持しながら国民政府の指揮下に入るという形で、革命政権と反革命政権の連合が実現し、抗日民族統一戦線――第二次国共合作が他に例を見ない独特の形態をもって発足したのです。

蒋介石は、一方、国民党内部での自分の指導体制を強化するために、「兵諫」を起こした張学良と楊虎城に対しては、きびしい態度をとりました。蒋に同行した張学良は、南京にとどめられたため、東北軍は内部に分裂が起こり、その後、陝西から安徽《あんき》・河南《かなん》に異動を命じられました。楊虎城の西北軍も改組して中央の指揮下に編入され、西安事変の背景をなした西北の抗日連合は解体にいたりました。

中国共産党へのディミトロフの不信

日中全面戦争の開始と国共合作の成立という新しい情勢のもとで、コミンテルンは八月一〇日、書記局会議で中国問題を検討しました。その会議での報告の中で、ディミトロフは、今後も予想される情勢の複雑な展開に対して、中国共産党の現状では、不正確な対応をする危険があるとして、それを是正することはモスクワからでは不可能だから、国外から「国際情勢によく通じた清新な人材」を投入する必要があると発言しています［★］。その背景には、西安事変前後の中国共産党の行動に対するスターリンの不信がありました。そして、中国共産党がこれから犯すかもしれない誤りを是正する〝大任〟をになって投入されたのが、コミンテルンに滞在していた四人のメンバー（王明、陳雲《ちんうん》、康生《こうせい》、鄧発《とうはつ》）でした。

★　この書記局会議開催の日は、ディミトロフ『日記』の空白時期にあたっており、『日記』での記述はありません。

ディミトロフ報告の関連部分は、次の通りです。

「じっさい、現在、国民党との、蒋介石との話合いがすすんでいる。共産党はすでにそのための心がまえができており、すでに実際にソビエト区域を民主区域に改造し、改組することに、着手している。そこでは、ソビエト政府は特別区政府に改組され、紅軍はソビエトの紅軍ではなくなり、一般的な全中国反帝国主義軍の部分に改組されている、等々。このことから、われわれの中国の同志たちにとって、また中国の党にとって、――蒋介石の駆引や策略、彼の包囲を考慮するならば、――きわめて大きな困難と危険が生まれてくる。この場合、党がどのような危険に直面するかは、想像するのに困難ではない。この場合、必要とされるのは援助であり、人材の点での援助であり、中国の幹部を内部的に強化することである。……

そのような幹部は国外にいる。彼らは党を援助することができる。……

もしわれわれがもうすこし詳しく中国の党の文書を検討することができたならば、これ以外にも、時機を失する危険、党および党幹部の思想的武装解除の危険をふくむような、ある種の方向喪失をもたらすおそれのあるような若干の方針を指摘することもできたであろう。ここでは、あれこれと是正する必要があるであろう。当地からわれわれが是正をおこなう可能性は、きわめて限られている。この目的のためには、中国共産党中央委員会を援助するために、国際情勢によく通じた清新な人材が必要である。中央委員会自身も援助を必要としている」（村田陽一編訳『コミンテルン資料集』⑥、三九三ページ）。

この文章を読むと、コミンテルン指導部が、中国共産党を、自由に任せたら何をしでかすかわからない問題児扱いし、そこから熟達した後見人の必要性をひきだしていることに驚かされます。この当時、革命根拠地を訪問した多くの外国人ジャーナリストが、いわば百戦錬磨の熟達した指導ぶりに感嘆の声をあげていた時だけに、なおのことです。

スターリン、王明に路線問題を指示

〝後見人〟として選ばれた王明らは一一月一四日に中国に向け出発しましたが、スターリンは彼らの出発前に、直接会って、中国問題についての自分の考えを話しました。

ディミトロフ『日記』は、そこでのスターリンの発言を次のように記録しています。

一九三七年一一月一一日

—クレムリンでスターリンと討論。

ディミトロフ、王明、康生［★1］、王稼祥《おうかしょう》［★2］。

―［コミンテルン執行委員会の］書記局決議は時代遅れになった。〝君のところには物ごとをこんがらからせる連中がいるから、こんなことになった！〟

―〝あらゆる可能な手段を使って、トロツキストたちに対する闘争を強めよう！（決議のなかで）〟。〝それでは十分でない。トロツキストを探し出して、撃ち、抹殺しなければならない。彼らは国際的な挑発者であり、ファシズムの最も悪質な手先だ！〟。

―――

1．中国共産党にとって現在最も基本的なことは、共通の民族的な波に合流し、指導的役割を果たすことにある。

2．いま主要なことは戦争であり、農業革命でも土地の没収でもない。（戦争税は必要である）。

―中国共産党は一方の極端からもう一方の極端に行ってしまった――以前はすべてを没収するという考えだったが、いまはなにもしない！

3．単一のスローガン――

―中国人民の独立戦争の勝利を！

―日本の侵略者に対して自由中国を！

4．中国が外敵に対していかに戦うか――これが決定的な問題だ！

―これが終わったあとで、彼ら自身の間でいかに戦うかという問題が起こってくる！

5．中国は、一九一八～一九二〇年のわれわれよりも有利な状況におかれている。

—わが国は、社会革命の線で分裂していた。

—中国では君たちは民族革命に直面している。:独立と自由のための闘争は国と人民を統一する。
6. 中国は巨大な人的予備軍を持っており、私は、蒋介石が中国は勝利する、なすべきことはこの戦争を耐えぬくことだといったのは正しいと思う。
7. それには、中国自身の軍需工業を構築することが要請される。
—航空機の生産。

—航空機は生産が容易だ:しかし、輸送は非常に難しい。

(われわれが航空機のための資材を提供しよう!)

—航空機の建造は始めなければならない。

—戦車も造る必要がある(われわれは戦車のための資材も彼らに与えることができる!)。

—中国が自分の軍需工業を持ったら、だれも中国を敗かすことはできない。
8. 第八〔路〕軍は三個師団ではなく、三〇個師団にすべきだ。
—それは、予備連隊の形態で現存の師団を強化することで可能になる。

—新しい連隊をつくらなければならない:軍事訓練は昼夜。
9. 第八軍は砲兵隊を持っていないから、その戦術は、直接の攻撃ではなく、敵を悩まし、国の内部に引き込み、後方をたたくようにすべきだ。

日本軍の通信手段、鉄道、橋を破壊することが必要だ。

10. イギリスもアメリカも中国の勝利を望んでいない。彼らは、彼ら自身の帝国主義的利害から、中国の勝利を恐れている。

―中国の勝利は、インド、インドネシア等々に影響を及ぼす。

―彼らは、戦争の結果、日本が弱くなることを望んでいるが、中国が自分の二本の足で立つようになることは望んでいない。

―彼らは、以前ツァーリ・ロシアを脅かすために日本を使ったように、日本が、中国を脅す鎖に繋がれた番犬になることを望んでいるのだ。しかし、彼らは、この犬が自分で犠牲者をむさぼる機会をもつことは望んでいない。

11. 中国共産党の大会では、理論的な討論をするのは非生産的である。理論問題は、あとの時期、戦争が終わったあとに残しておくべきだ。

―中国の非資本主義的発展の道について語ることは、以前よりも難しい。

（何よりもまず、中国で資本主義が発展している！）

12. 民族革命連盟の形成の問題は、さきのことになった。

13. 第八軍と党の信頼できる代表をウルムチに［送る］。

★1　**康生**　中国共産党員で、一九三三～三七年、王明とともにコミンテルンで活動し、三七年一一月、ともに中国に帰りました。一九六六年以後の「文化大革命」の中心人物の一人で、七五年に病死。

★2　王稼祥　王明らの出発後、モスクワに残り、コミンテルン駐在の中国代表となりました。

スターリンのこの発言には、西安事変と日中戦争勃発後の、中国問題に対するスターリンの見方が、典型的な形で出ています。

(一)まず、最初の発言でスターリンが頭ごなしに非難しているのは、三七年一〇月一〇日のコミンテルン書記局の決議「中国問題についての決定」(『コミンテルン資料集』⑥所収、二六六～二七七ページ)のことだと思います。この方針は、トロツキスト問題で特別の方針を中国向けに出しているわけではないのですが、八つあたり的に、コミンテルン書記局がトロツキスト問題で軟弱だと言いたて、君たちは、「物ごとをこんがらからせる連中」のおかげで「こんなことになっている」ときめつけ、蔣介石びいきの自分の方針をコミンテルンと中国共産党に押しつけようとしたのです。

(二)スターリンの発言を見ると、西安事変とその後の発展から、スターリンは何事もくみとらなかったようです。蔣介石は、スターリンに援助を求めた瞬間から抗日親ソ派への転換を遂げたと思いこんでいるスターリンには、西安事変をめぐる一切が、スターリン＝蔣介石の提携を妨害した障害物だったとしか見えないのです。

そして、今後の問題では、抗日統一戦線が実現した以上、スターリンにとっては、蔣介石は無条件的に中国全体の指導者という存在になりました。スターリンの目には、蔣介石の今後の行動のなかに、抗日路線からの後退や共産党との連合路線をそこなう逆流が現われる危険があることなどは、もはや問題になりません。だから、将来、抗日統一戦線を守るためにそれらの後退傾向や逆流とたたかう必要が出てくる可能性があることも、まったく念頭にありません。そうした抗日戦線内部の闘争は、外敵との戦争が「終わったあとで」考えれば良いことなのです（スターリン発言後半の一三項目の方針の第4項。以下同様に項目を示す）。

この点では、スターリンの蔣介石中心主義は、今後、「蔣介石の駆引や策略、彼の包囲」などのあれこれを想定して、中国共産党がそれらに対応する能力があるかどうかを心配したディミトロフの八月一〇日の報告（本巻一八八～一九〇ページ）の立場よりも、はるか右翼の方にいったものでした。

（三）抗日戦争の見通しの問題でも、スターリンは、蔣介石の政府軍が勝利のための主力部隊となることを当然視して、そのための軍需工業の構築、航空機や戦車の生産のための資材の供給などについて、もっぱら語っています（第6、7項）。

紅軍が砲兵隊を持たないことを指摘しながら、援助してその弱点を補強することは問題にせず、こういう弱点をもった部隊だから、敵への直接の攻撃ではなく、後方で敵を悩ますことがよいと勧告しています（第9項）。遊撃戦は毛沢東や朱徳《しゆとく》らが開拓し重視してきた戦術ですが、スターリンはそれを評価しているわけではありません。それだけの戦力しかないのだから、戦争の大局は蔣介石らの政府軍に任せて、紅軍はそれを援助する補助的な役割を果たせ、と勧告しているのです。ここでも、スターリンの蔣介石中心主義はあからさまでした。

(四)スターリンの蒋介石中心主義は、抗日戦争の前途の問題でも現われました。

抗日統一戦線が実現したことは、中国の革命運動の前途の展望についても、多くの新しい問題を提起していました。革命のソビエト形態は、そのもとで民主主義革命を遂行し、非資本主義的発展の道を経て、社会主義革命に前進してゆくことを展望したものでした。日本帝国主義の侵略に直面して、中国共産党は、ソビエト革命の形態を捨て、抗日の一点で全民族的な団結を図る政策に転換しました。

では、抗日戦争に勝利したら、抗日統一戦線はどうなるのか、党はソビエト革命にもどるのか、それとも全民族的な団結を維持しつつ、社会発展の新しい方向を探究するのか。こういう問題は、当然出てきます。そして、この問題で、中国共産党が明確な展望を中国人民に示してこそ、党は、抗日戦争の中でも広範な人々の信頼を得ることができるし、本当の意味で中国の前途を開く指導的役割を果たすことができるはずです。

ところが、この点で、スターリンが示した指示は、戦争中は「理論問題は取り上げるな」でした(11項)。なぜか。その理由が、続く言葉で示唆されています。「中国の非資本主義的発展の道について語ることは、以前よりも難しい」からです。その理由としては、「何よりもまず」として、「中国で資本主義が発展している」ことがあげられていますが、私は、スターリンは、抗日戦争は蒋介石の勝利で終わり、戦後は国民党政権下での資本主義的発展の時代となることを見通して、抗日戦争中は、戦後の革命闘争の問題は〝立入り禁止区域〟にしようと考えたのではないか、と推定しています。

一九三七～三八年の王明問題とその解決

王明は、一一月二九日、延安に到着、毛沢東は、コミンテルンから有力な援軍が来たとして、「崑《こん》崙山《ろんざん》［中国古代の伝説上の山］から神仙《しんせん》が来た」と歓迎の辞を述べたとのことです。しかし、王明が持ちこんだのは、出発時にスターリンに口授された蒋介石中心主義の路線でした。そして、国際的な指導機関であるコミンテルンから派遣された指導幹部ということで、事実上中国共産党の最高責任者の地位につき、コミンテルンの権威を背景に、どこに中心があるかわからないという党の指導体制の一種の混迷の状態をつくりだしました。王明は、南京陥落後実質上の首都となっていた武漢《ぶかん》に中国共産党「長江局《ちょうこう》」を設置、そこに自分の拠点を置いて活動したため、延安と武漢が共産党の二つの中心であるかのような様相を呈して、混迷にはいっそう拍車がかけられました。

その状態を知ったディミトロフは、翌三八年九月、コミンテルンに残って活動していた王稼祥を延安に送って、中国共産党の指導路線と体制の問題でのコミンテルンの指示とディミトロフの意見を伝えました。その要点は、次の二点にありました。

一、「コミンテルンは、中国共産党の政治路線は正しく、中国共産党は複雑な環境と困難な条件のもとで真にマルクス・レーニン主義を運用していると考えている」。

二、今後、中国共産党中央は「毛沢東をはじめとする指導のもとで」指導機関における問題を「解決しなければならない」。

このディミトロフの意見は、一年前、三七年八月の書記局会議で述べた中国共産党中央の指導能力についての懸念や不信の意見とはまったく違っています。おそらく王稼祥とも相談しあいながら、王明を派遣して以後の中国共産党中央の状況、毛沢東と王明の主張の内容、さらにはもっとさかのぼっての党の歴史などを研究した結果、こういう結論に到達したのでしょう。ただ、それが、スターリンの同意を得てのものであったかどうかについては、確認できる材料がありません［★］。

★ ただ、その後、中国であれこれの問題が起きた時、スターリンとディミトロフの対応が微妙に違ってくることから判断すると、三八年九月のコミンテルン意見が、ディミトロフ独自のものである可能性は、かなり大きいと推定しています。

中国共産党は、三八年九月～一一月に中央委員会総会を開いて、この一年来の混迷に終止符を打ちました。毛沢東は、この総会の討論の結語のなかで、「統一戦線における独立自主の問題」を取り上げ、「すべては統一戦線を通じて」というスローガンを批判していますが（『毛沢東選集2』所収）、このスローガンは、フランスなどの経験から借りてきて、王明が中国の統一戦線の基本スローガンとしたものでした。しかし、共産党と社会党のあいだに統一戦線の共同の指導機関ができて、それが統一行動を推進したフランスなどの場合には、このスローガンが一定の意味をもったことはありえたことですが、統一戦線の機関などまったく存在していない中国でこのスローガンをもちだせば、それは、国民党政府に従え、蔣介石に従えという方針にならざるを得ません。つまり、スターリン流の蔣介石中心主義の統一戦線政策への持ち込みだったのでした［★］。ただ、この中央委員会総会では、王明批判という形では問題は出されませんでした。

★　戦争論への蔣介石中心主義の持ち込み　王明の方針が、毛沢東と対立したもう一つの大きな問題は、戦争の戦略・戦術にありました、王明は、遊撃戦は正規軍との連携なしには決定的役割を果たし得ないとして、当面の戦局論でも、武漢は「中国のマドリード」だとして、これを守り抜くことが特別の意義をもつことを強調しました。この方針から出てくるのは、当時、正規軍を運用する条件をもっているのは国民党だけでしたから、王明がいくら武漢防衛の意義を強調しても、その成否は国民党の政府軍の戦い如何にかかっており、共産党の部隊が果たすべき役割はありません。結局、王明の戦争論は、スターリンが教えた蔣介石中心主義の戦争論のひき写しにすぎませんでした。

これに対して、毛沢東が武漢攻防戦が開始される直前、三八年五月に発表した『持久戦論』は、抗日戦争の勝利に至る段階的な展望の提起においても、各段階における主力軍と遊撃軍の役割の解明においても、運動戦、遊撃戦、陣地戦の戦略的運用の点でも、中国の抗日戦争の実態の綿密な分析に立ったものなので、抗日戦争の全期間にわたって指針たりうる価値をもったものでした。

中国共産党が三八年九月〜一一月の中央委員会総会で、蔣介石中心主義がもたらした混迷を解決し、政治路線、軍事路線をととのえたことは、まさに時宜を得たことでした。というのは、蔣介石が、自分たちが抗日戦で失敗と後退を繰り返すなかで、共産党とその軍隊が力を増大させるのを恐れて、三九年一月の五中全会以後、共産党に圧力を加える攻撃的な政策に転じてきたのです。とくに三九年末以後は、陝西・甘粛・寧夏の共産党支配地域や華中の後方地域で大小の軍事的な衝突や摩擦が繰り返されるようになりました。蒋介石は、「今後の内戦は自分の責任だ」と述べた西安での〝訣別の言葉〟を投げ捨てたのです。王明が持ち込みかけたスターリンの蒋介石中心主義の危険性は、こういう形で、抗日戦争のさなかに現われるのですが、その問題での延安とモスクワとの見解の違いは、その時期をとりあげる後章での検討に譲ることにします。

第九章　スターリンとヒトラーの接近

一、ミュンヘンの衝撃

危機感を燃やして――ディミトロフ

一九三八年九月二九日、ミュンヘンから世界に衝撃が走りました。ヒトラーとチェンバレン（英首相）、ダラディエ（仏首相）、ムソリーニ（伊首相）の四者会談で、イギリスとフランスが、ヒトラーの要求を丸のみし、チェコスロバキアの領土ズデーテンの対ドイツ割譲を認めたのです。当のチェコスロバキア政府は意見を求められることさえなく、頭越しの無法な決定でした。三月にオーストリア合併を強行してわずか六カ月後、ヒトラーのはてしない領土拡張主義と同時に、それに無条件で屈従するイギリス、フランスの宥和《ゆうわ》主義の底深さを世界に示したものでした。

この時、ディミトロフは、九月九日から、二カ月の医療休暇に入っていました。しかし、チェコスロバキアをめぐる情勢が風雲急を告げ始めた九月半ばごろから、この緊急事態に対応すべく、書記局の留守部隊との緊迫した電報のやりとりが始まります。

一九三八年九月一四日……

—電報を打った。「明らかにヘンライン派［★］の反乱は、チェコスロバキアに対する外部からの攻撃の前触れだった。われわれはごく近い将来戦争が起きる可能性があることを計算に入れて、事態のそのような転換にたいしてわれわれ諸党の備えを強化するためにあらゆることをおこなう必要がある。あなた方が必要だと思う人たちと討議や相談をして、私の治療を中止して帰った方がよいかどうか、すぐ知らせてほしい」。

★**ヘンライン**　ズデーテンにおけるドイツ・ファシスト党の総裁で、ドイツ系住民に蜂起を扇動していました。

九月一六日

—マヌイルスキーから電報。（フランスの大衆のあいだでの反ヒトラー気運など、休暇を中止すべきでないという「一致した意見」の通知）。

—マヌイルスキー、モスクヴィンに電報を打った。

チェコスロバキアの事態に照らして、ポーランド、ルーマニア、ハンガリーについても緊急措置をとらなければならない。特にポーランド。論文を発表して、これらの国の労働者階級とすべての民主勢力の任務を明らかにし、それをラジオその他の手段で知らせるべきだ。……

九月一七日

—モスクヴィンからの電報：「君の指示をゴトワルト［★］に伝えた」。

—マヌイルスキーからの電報：

「チェンバレンは、ズデーテン地方をチェコスロバキアから切り離せというヒトラーの声明を知り、ロンドンに戻った。最大の危険は、チェコスロバキアにたいするイギリスの裏切りとズデーテン地方のドイツ併合にあると思う。こうしてヒトラーが勝利すれば反動の爆発的高まりが起こるだろう。スペイン介入の強まり、すべての小国にたいする裏切り、フランスの完全な孤立化、反動によるフランス人民戦線の切り崩しが起こるだろう。共産党はこうした危険を警告し、すべての反ファシスト勢力の動員を呼びかけた。……」

★ **ゴトワルト**　チェコスロバキア共産党書記長で、コミンテルン執行委員会幹部会員。戦後、チェコスロバキアの首相（一九四六～四八年）、大統領（四八～五三年）となりました。

こうしたやり取りが連日のように続けられますが、九月二九日、マヌイルスキーとモスクヴィンあての電報のなかで、ディミトロフが次の質問をしていることが注目されます。

「あなた方は、現在の情勢下でのわれわれの活動について、同志スターリンや諸同志の側の何らかの助言、指示、あるいはコメントを政治局から受け取っているのだろうか？　あなた方は、われわれがとっているより重要な諸方策についてスターリンに知らせているのだろう」。

続く電報のやり取りを見る限り、この質問への回答はなかったようです。この質問をした九月二九日とは、まさにミュンヘン会談がチェコスロバキアを売り渡す決定を出したその日でした。

ミュンヘン会談以後、ファシズムの攻勢にたいする反ファシズム勢力の国際的闘争の強化について、ディミトロフとコミンテルン書記局とのあいだの電報の往復はさらに活発に続きました。

スターリンの側では新しい国際政策が熟しつつあった

こういう活動に取り組みながら、この重大な時期に、スターリンからなんの指示もなんの助言も来ないのは、なぜだろうか——一度電報に書いた疑問は、それ以後も、何回かディミトロフの頭に浮かんだと思います。スターリンのこの沈黙には理由がありました。

ミュンヘン会談とその後の国際関係に対するスターリンの見方は、ディミトロフのそれとはまったく違うものだったからです。彼は、スペイン内戦の推移とこれにたいするイギリスやフランスの対応などから、一九三三年のヒトラーの政権獲得以後にとってきた反ファシズム国際戦線の政策は、すでにその効用を失ってきており、ソ連の国際政策を転換すべき時期が近づいてきていることを、頭に入れていたと思います。

転換すべき新しい国際路線は、ヒトラー・ドイツとの接近でした。スターリンが、三八年に入ってから、スペイン内戦の問題に本気の対応をしなくなったのも、ミュンヘン（三八年九月）以後のディミトロフらの反ファシズム闘争の戦線立て直しへの熱中に関心を示さなかったのも、そこに理由がありました。しかし、ディミトロフらの方は、スターリンの基本政策にそんな変化が起きていることにはまったく気づかないまま、独ソ提携が一気に表面化した三九年八月を迎えるのです。その転換は、それほど隠密に、ことにあたった対ドイツ外交の当事者でさえ、スターリンに近いごく少数の人間以外には、全貌はだれも知らないままに準備されたのでした。

スターリンの国際政策の転換が、ソ連国内の「大テロル」の終結（一九三八年一一月）とほぼ同じ時期にあたったことも、偶然ではないと思います。あの「大テロル」で、犠牲者の多くは、〝ドイツ・ファシズムの指示をうけ、ソ連政権転覆をめざして暗殺などの破壊活動をおこなった〟というシナリオのもと、ドイツ・ファシズムの手先として断罪されたものでした。スターリンは、いわば「大テロル」に反ファシズム、反ヒトラーの看板をかぶせて、これを正当化したのでした。こういう性格をもった「大テロル」を続けたままでは、ヒトラー・ドイツとの接近という国際政策の転換などはできません。私は、スターリンが、三八年三月のブハーリン裁判を最後として、なぜ「大テロル」を終息に向かわせたのか、その大きな背景の一つは、差し迫った国際政策転換の必要にあったと、推定しています。

ここで、ドイツとの接近というのは、スターリンにとって、反ファシズム戦略の見通しがなくなったからの〝やむを得ない選択〟ということではなく、より深い意味があったことを、よく見ておく必要があります。

反ファシズム勢力が、ヒトラー・ドイツを世界の脅威と見た理由は、その権力の専制的、暴力的な性格と対外的な侵略性にありました。コミンテルン第七回大会が、その本質を「金融資本の最も反動的、最も排外主義的、最も帝国主義的な分子の公然たるテロル独裁」と規定したことは、すでに見たとおりです（第一巻一四八ページ）。

しかし、「テロル独裁」ということでいえば、スターリンこそ、第七回大会の直後に開始した「大テロル」で、言語に絶する〝テロル独裁〟を実行してきたのです。この時点では、ソ連で強行されたテロルの規模とその激しさ、野蛮さ、残虐さの度合いは、ヒトラー・ドイツのそれを大きく上回るものがありました。ユダヤ人を大量虐殺したアウシュヴィッツやマイダネクなどの惨劇は、ドイツでもまだ現実となってはいませんでした。この面で、スターリンは、ドイツ・ファシズムを敵対視する根拠を持たなかったのです。

対外的侵略性という点では、ヒトラーは一歩先んじていました。しかし、「大テロル」の章で見たように、スターリンは、ツァーリズム時代にはロシアの領土でありながら革命後に失った東ヨーロッパやバルト海沿岸の旧領の回復に、並々ならぬ意欲をもやしていました（第一巻三〇六〜三〇八ページ）。しかし、それは、第一次世界大戦後のヨーロッパの国際秩序を破壊することであり、イギリスやフランスとの反ファシズム連合の枠内では実現不可能な問題であることは明らかでした。それは、大戦後の国境線の破壊をねらうドイツとの連合のなかでこそ、現実のものとなりうる目標です。スターリンがドイツとの接近という国際政策の転換にあたって、この目標を意欲的に追求したことは、独ソの交渉経過を通じてやがて明らかになってきます。

独ソ接近の可能性という点では、ドイツ側にも、一つの不思議な状況がありました。それは、モスクワ裁判にたいする態度です。

モスクワ裁判に持ち出された犯罪のシナリオが架空のでっちあげだということを、誰よりもよく知っていたのは、スターリンらこのシナリオの創作者を除けば、ほかならぬヒトラーたちでした。なぜなら、たとえばブハーリン裁判をとってみても、最大の焦点となった問題の一つは、被告たちが、トロツキーらを媒介にして、自分たちが政権を獲得した暁には、ウクライナその他をファシスト・ドイツに譲り渡す約束をし、ソ連首脳部の暗殺などを企てたという点にあったからです。

これが事実であれば、ソ連＝ドイツの国際関係から言えば、他国にたいする最も不法な間接侵略の行為になります。しかし、ソ連は、被告たちの罪はきびしく追及しましたが、彼らをけしかけた張本人の「ドイツ・ファシスト」にたいしては、一片の外交的抗議さえおこないませんでした。

またドイツ側にとっても、いくら自分たちが「反ボリシェビズム」の信念にもえていると言っても、このような不名誉な、身に覚えのない罪をかぶせられるのは、面白くないはずでした。そして、ドイツ側が、もちだされた「ドイツ・ファシストとトロツキーらとの約束事」が事実無根であることを指摘すれば、スターリンのシナリオは無残に崩壊せざるを得ないという性格を持っていました。しかし、ドイツ側は、この問題で最後まで沈黙を守ったのです。その点では、ヒトラー・ドイツは、スターリンの「大テロル」のなによりの援助者となったのでした。

おそらくヒトラーは、スターリンの「大テロル」の内実を知りうる立場にあっただけに、スターリン治下のソ連が、革命とも社会主義とも無縁な専制国家となりつつあることを興味深く観察し、そこから対ソ連政策のさまざまな可能な選択肢を考慮しはじめていたのではないでしょうか。実際、対ソ交渉が開始された過程で、ヒトラー・ドイツの代表者が、当のソ連代表を相手にソ連変質論的な言葉を遠慮なく述べる場面に、私たちはしばしば遭遇することになります。

とくにソ連が一九三七年六月、トハチェフスキーらの赤軍首脳部に軍事裁判で死刑判決をくだし、それに続いて、広範な赤軍指導層に壊滅的打撃を与えソ連軍を弱体化させるテロルにあえて踏み切ったことが、ヒトラーの眼に、スターリンが、当面はヒトラー・ドイツとの軍事対決をその視野の外においたことの確証として映ったであろうことも、十分推測できることだと思います。

こうして、ソ連とドイツの双方の側に、両者の接近を可能とも必要ともする状況が熟しはじめていたのでした。

独ソ接近の過程の貴重な記録

それまでファシズムと反ファシズムという、国際政治の対極にあった二つの国家——ソ連とドイツの接近の過程をたどるうえで、欠かすことのできない貴重な記録があります。それは、一九三九年四月から四一年六月のドイツのソ連攻撃まで、二年二カ月にわたるドイツ＝ソ連両国の外交交渉について、ドイツ側が記録した外交文書を収録した『ナチ＝ソビエト関係　一九三九〜一九四一年』です。

これは、対ドイツ戦の終結の時に、アメリカがドイツの占領地域で発見した外交機密文書で、戦後、米ソの冷戦が開始された一九四八年一月、アメリカ国務省が、ソ連はヒトラー・ドイツとこういう関係を結んでいたんだぞという告発文書として発表したものです。日本でも、日本語訳がその年のうちに、読売新聞社から、米国務省編纂文書『大戦の秘録――独外務省の機密文書より』と題して刊行されました［★］。

★ **不破の記憶から**　私がそれを手に入れて読んだのは、五〇年代の半ば頃でした。鉄鋼労連の書記として関西に出張していた時、当時、神戸市内の三宮駅から元町駅方面に通じていた地下道・商店街を歩きながら、古書店の店先で見つけました。読んでみて、当時の私は、想像外の内容に驚きましたが、ドイツ側の一方的資料だから全面的な真実性はないだろうと、勝手に推定していました。しかし、現在では、この文書類が独ソ交渉の客観的な記録であることは（欠落はもちろんあるでしょうが）、十分立証されています。

この機密文書集が刊行されて間もない同年四月、ソ連側は、ソ連情報局名で『歴史の偽造者（歴史上の事実）』という反論文書を発表し、日本でも、その日本語訳の小冊子が在日ソ連代表部によってかなり広く流布されました。

この反論文書は、「まえがき」部分で、発表された文書を、「ドイツ外交官庁の大奥でヒトラー外交官どもがこしらえあげた文書」と性格づけ、「諸種の事件をヒトラー政府の立場から叙述し、これらの事件についてヒトラー徒党に好都合な解釈を付することを目的にしているような、明らかな一方的かつ偏見的な文書」だと断じました。しかし、内容的な反論にあてた本文では、機密文書にしめされた事実への具体的な反論をおこなうことは、ほとんどできませんでした。「ほとんど」というのは、ごく一部に、事実無根として否定した個所があるからですが、今では、ソ連情報局なるものの言い分がまっかな嘘だったことが証明されています（具体的には、問題の個所で指摘することにしましょう）。

この独ソ交渉については、ディミトロフらコミンテルンの幹部はまったく蚊帳《かや》の外でしたから、『日記』もここでは役に立ちません。ここでは、アメリカ国務省編纂の『ナチ＝ソビエト関係　一九三九～一九四一年』を縦糸に、他の文書や研究を横糸に活用しながら、三八～三九年の独ソ交渉の足跡をたどることとします。

二、独ソ交渉の第一段階

ドイツ側の打診的な接近

独ソ接近の口火を切ったのは、ドイツ側でした。

一九三八年一一月四日、ドイツ外務省の経済政策部（部長はエミール・ヴィール）の会議に、一時帰国していた駐ソ大使シューレンブルクも出席して独ソ経済関係の活発化について議論し、軍事経済の発展で不足になっていた燃料をソ連から買い付ける計画がたてられ、同部の東欧課長カール・シュヌッレがそれを、総額二億マルクのクレジットをソ連に供与してソ連がその相当部分を燃料で支払うという提案に具体化して、一二月二二日、ソ連に提案したのです。ドイツ―ソ連関係にかかわる重大提案ですから、これは一部局だけの裁量でできるものではありません。独ソ接近の可能性を測るドイツ側の打診的な提案だったと見るのが妥当でしょう。

ソ連側からは、すぐ好意的な回答があり、三九年一月二〇日には、モスクワで正式の会談をおこなうこと、ドイツ側はシュヌッレが代表団長になることまで決まったのですが、一月三一日に、突然、ドイツ側から会談に行けなくなった旨の連絡があり、クレジット会談はそこで沙汰やみになりました。

しかし、この最初の接触は、ドイツにとって、ソ連がドイツとの接近の意志を持っていることを確認しただけでも、一つの収穫だったと思います［★］。

★『ナチ＝ソビエト関係』の収録文書は、一九三九年四月以後に限定されているので、それ以前の時期の独ソ交渉については、斎藤治子『独ソ不可侵条約――ソ連外交秘史』（一九九五年　新樹社）によりました。

第一八回党大会でのスターリン報告

次の展開の契機は、三九年三月一〇日、ソ連共産党第一八回大会の開会第一日、スターリンの中央委員会報告によって与えられました。

スターリンは、この報告での世界情勢の分析にあたって、ドイツを「侵略者」と呼び、その侵略行為を非難する態度は変えませんでしたが、そこに二つの新しい論調をもちこみました。

一つは、イギリス、フランス、アメリカなどの「非侵略国家」が、なんの反撃もせず、侵略諸国家に一歩一歩と譲歩しながら後退しているところに新しい帝国主義戦争の特徴があるとし、そのおもな根源は、彼らが侵略者をそそのかせて戦争の矛先をソ連に向かわせようとしていることにあると論じ、次の点を「対外政策の部面における党の任務」の柱の一つとして前面におしだしたことです。

「用心深くして、焼き栗を他人に拾わせ、自分は甘い実を食べることに慣れている戦争挑発者をして、わが国を紛争の渦中に引きずり込ませないようにすること」。

もう一つは、実務的関係の分野では、「あらゆる国」と、すなわち侵略国と非侵略国とを区別することなしに、関係強化の立場に立つことを明確にしたことです。

「われわれは、平和擁護と、あらゆる国との実務的関係強化の立場に立つ。相手の諸国がソ連との実務的関係を維持し、ソ連の利益をおかさない限り、われわれはこの立場を守りとおすだろう」［★］。

★ **スターリンの歴史的予見**　一九三九年八月三一日、ソ連最高会議で独ソ不可侵条約の締結について報告した際、モロトフ外相は、この二つの点をあげて、「独ソ不可侵条約の締結は、スターリンの歴史的予見が見ごとに的中したことを実証するものである」と述べ、スターリン報告が、独ソ接近への伏線だったことを強調しました。

党大会は三月三一日に終了しましたが、大会期間中にヨーロッパ情勢には重大な変化が起こりました。

スターリン報告の四日後の三月一四日、チェコスロバキアの東半をなすスロバキア自治政府が、ドイツの脅迫的な要求のもとに、スロバキアの独立を宣言し、翌三月一五日、ヒトラーがチェコスロバキアの残る主要部分ボヘミアとモラビアをドイツの保護領とすることを宣言して、全土をドイツ軍の占領下においてしまったのです。ミュンヘン協定でチェコスロバキアの独立の保障だけはとりつけたつもりでいたイギリスとフランスは、痛烈な衝撃を受けました。

ソ連政府は、三月一八日、ドイツに批判の覚書を手交しましたが、それは事態の深刻さに比べれば、調子の弱いものでした。

そして、四月五日、ソ連外相（外務人民委員）のリトヴィノフは、駐独大使メレカロフに訓電を送って、経済問題でドイツ側と交渉を始めることを指示しました。内容は、ソ連はチェコスロバキア最大の兵器工場スコダに高射砲などを発注していたが、ドイツ軍が製品のソ連への搬出を妨害している、その妨害行為をやめさせるよう要請せよ、という訓電でした。なんと、ドイツのチェコスロバキア併合に関連した問題を、交渉再開の契機に利用しようとしたのです。

モロトフ、「政治的基礎」という謎をかける

この問題で、四月一七日、メレカロフとドイツ外務次官ヴァイツゼッカーとの会談がおこなわれました。ヴァイツゼッカーは、その会談について、〝スコダ問題についての話し合いが終わったあと、

メレカロフの方から政治問題をもちだした〟とし、最後にメレカロフが述べた言葉を重視して、次のような概要を「覚書」の中に特記しています［★］。

「ロシアの政策は、これまで常に公正な線で動いてきた。イデオロギー上の意見の違いは、ロシア―イタリア関係にほとんど影響してこなかったし、ドイツとの関係でも、それが障害になるはずはない。ソビエト・ロシアは、ドイツとドイツに反対する西側民主主義諸国とのあいだにある現在の摩擦を利用してこなかったし、そうすることを望んでもこなかった。ロシアにとって、正常な基盤に立ってドイツと共に生きてはならないという理由は何もない。そしてその関係は、正常なものから、さらによりよい関係へと発展しうるものだ」。

★『ナチ＝ソビエト関係』は、ヴァイツゼッカーのこの四月一七日付覚書から始まっています。引用部分は、『大戦の秘録』（読売新聞社）三ページですが、訳文は、筆者の責任で国務省発表の英訳原文をもとに必要な訂正をおこないました（以下同じ）。

五月三日、スターリンは、ソ連の外務人民委員を、これまで対西側外交で活躍してきたリトヴィノフからモロトフに交替させせました。これは、外交政策の転換の意志を示す重要な信号でした。

これを受けたかのように、五月一五日（または一六日）、ドイツのリッベントロップ外相は、ベルリンに帰っていた駐ソ大使シューレンブルクを呼んで、「共産主義はもはやソ連には存在しない。コミンテルンはいまや、ソ連の対外政策の重要な要素ではなくなった。したがって独ソ間にはイデオロギー上の障害はない」というソ連観を述べたうえで、ヒトラーから「モスクワに帰り、極秘でソ連に折衝するよう」指示が出ていることを伝えました。それに先だって、五月一〇日には、ヒトラーがロシア問題の専門家の意見を聞く会合を開いており、国防軍参謀総長カイテル、外務省のシュヌッレ（本巻二一二ページ前出）、帰国していた駐ソ大使館参事官ヒルガーが出席していました［★］。リッベントロップが述べたソ連観にはこの会議の議論が反映していたと思いますが、ドイツ側の対ソ接近の準備がいよいよ本格的な段階に入ってきたことをうかがわせます。

★　この五月一〇日、一五日（または一六日）の記述は、斎藤治子前掲書によりました。

続いて五月二〇日、モスクワに帰任したシューレンブルクは、新外相モロトフと最初の会談をおこないました。

そこで、モロトフは、ドイツとの経済交渉の最近の動きについて、ドイツ側の対応に真剣さが見られない、という不満を述べた後、たいへん意味深長な言葉を述べました。それは、次の言葉です。

「ソ連政府としては、必要な〝政治的基礎〟が築き上げられた場合にのみ、交渉の再開に応じることができる」。

シューレンブルクは、モロトフが突然もちだしたこの問題提起に、たいへん驚いたようです。彼は、ドイツ側は経済交渉に終始真剣にあたってきたこと、それが首尾よくまとまれば「政治的雰囲気」が改善されることは間違いないことなどを説明しながら、〝モロトフのいう「政治的基礎」とはいったい何を意味するのか、自分は昨年（一九三八年）来、独ソ間の雰囲気はずっと改善してきたという印象をもっている。以前には、今回と同じような交渉が、もっと好ましくない条件のもとでおこなわれ、結論をちゃんと出してきたのに、現在は経済交渉が不可能になった、と言われては驚くほかない〟と反問します。

しかし、モロトフは「よりよい政治的基礎を確立できる方法とは、両国政府がそれについて十分考慮しなければならないようなある方法である」といったことを禅問答的に述べるだけで、それ以上の真意をあかそうとはしないのです。「明らかにモロトフ氏は、それ以上のことは一語も語らないことに肚を決めていた」と、シューレンブルクは会談の印象を結論的に語っています（『大戦の秘録』九～一〇ページ）。

その後の経緯から見れば、モロトフの発言の意図は明確でした。それはまず、ソ連には、経済関係だけでなく、ドイツとのあいだに政治的関係をも発展させる用意があるという意志表示でした。そして、この新たな展開の転機を、ソ連からではなく、ドイツ側から提起させるために、こういう持ちかけ方をしたのでした。しかし、ソ連が求める「政治的基礎」とは何か、これは、ドイツ側がソ連のおかれた立場や今後の独ソ関係をよく考えればわかるだろう、というわけです。

ドイツ側は、しばらくこの謎を解くために、いろいろ頭をなやますことになります。

三、英仏ソ三国交渉とは何だったか

ポーランド問題の核心

独ソ接近の交渉は水面下でおこなわれましたが、並行して、イギリス、フランス両国とソ連政府とのあいだでは、表舞台での交渉が展開されていました。

問題はポーランドでした。ヒトラーは、チェコスロバキア占領を強行した後、次の目標がポーランドにあることを公然と明らかにしたのです。

イギリス、フランスは、これにたいして、ポーランドの防衛を大義名分として、対ヒトラー戦線にソ連を巻き込もうとする外交工作を開始しました。以前、ファシズムの侵略にたいする集団安全保障の体制づくりが問題になっていた時期には、これに関心を示さなかった両国が、にわかにポーランド問題での集団安全保障体制づくりに熱意を表わすようになったのです。そして、ソ連とのあいだでも、一九三九年四月から、安全保障のための提案文書がいろいろと取り交わされるようになりました。しかし、イギリスやフランスが出してくる提案には、奇妙な特徴がありました。ポーランド防衛の一般的な宣言は強調されるが、ドイツからの侵略攻撃が現実になった時に、こういう宣言をした国々がどういう軍事行動をとるか、という肝心の問題は、まったく白紙のままなのです。

ドイツが戦争を決意したら、ポーランドの西側国境を突破して攻め込んでくるでしょう。その時、戦線とは反対側にいるイギリスやフランスは、どんな軍事態勢を準備しており、どういう軍事行動をもってポーランド防衛戦に参加しようというのか。両国のどの提案も、この問題には沈黙をまもっていました。

ソ連は、ポーランドの東側に位置する地続きの国ですから、ドイツの攻撃があったら、応援にかけつけて、防衛戦に参加することができます。ところが、ポーランドは反共産主義を国是とする名うての反共国家です。ポーランド防衛の集団安全保障が問題になってくると、四月一九日、ポーランド政府は、〝ソ連が参加する安全保障には参加しない。ソ連の軍隊や飛行機がポーランドの領土・領空を通過することに反対だ〟という声明を発表しました。それなら、ソ連は防衛戦に参加することができないだけでなく、ドイツがポーランドを撃破したら、敵対国としてドイツの侵略攻撃に単独でさらされることになります。

これらは、すべて、ソ連には、見え見えの状況でした。

イギリスやフランスが真剣にポーランドの防衛を考えて、ソ連に共同の安全保障を求めているのだったら、障害となっているポーランドの問題を自分たちの側で解決し、共同の安全保障のための前提条件をつくりだすことが先決のはずです。それをやらないまま、三国の共同行動を問題にするイギリス政府やフランス政府の提案のかげには、国内世論にヒトラーの侵略に反対だという姿勢を見せるだけのためか、もっと突っ込んでいえば、ヒトラーの侵略の矛先をソ連に向けさせたいという思惑があると指摘されても仕方のないものでした。

英仏とソ連とのあいだでのポーランド問題での交渉が、実のあるものとなるかどうかは、まさにこの問題にかかっていたのでした。

四月〜七月の英仏ソ三国会談

この問題は、ポーランド防衛をめぐる英仏ソ三国の協議の前途に、最初から暗い影を落としていました。

ポーランドの危機が深刻になり始めてから、イギリスやフランスの政府も、この問題でのソ連の支援を具体的に求めるようになりました。四月一四日にはフランス政府からの具体的な要請があり、一五日にはイギリス政府から、ポーランドやルーマニアなどにソ連の支援保障を与えることが可能かどうかの質問がありました。

これに対して、ソ連は、まだリトヴィノフ外相の時期でしたが、四月一七日、相互援助協定のソ連案をイギリスとフランスの政府に示しました。それは、英仏のそれまでの提案に若干の修正を加えて八項目にまとめたとされましたが、ソ連が三国交渉の最後の段階まで一貫して堅持した基本点を、ぬかりなく定式化したものでした。

その一つは、英仏ソ相互の援助義務の規定（第一項）とともに、三国による援助の対象国を、「バルト海から黒海までのソ連と国境を有する東欧諸国」と、バルト三国を含む形で規定したことです（第二項）。

そして、もっとも重要なことは、第三項で、「英仏ソは、第一項と第二項を実現するため、各国によって与えられる軍事援助の規模と形態を、最短期間に審議し、設定する義務がある」とし、さらに第七項で、「当協定は、第三項のために作成された協約と同時に調印される」との規定が盛り込まれました。この諸条項を実行しようと思えば、イギリスもフランスも、否応なしにポーランド防衛の具体的な軍事計画に取り組まざるをえなくなるし、ポーランド政府が持ちだした障害の除去を自分たち自身の真剣な課題としないわけにはゆかなくなるはずでした。

これに対して、直ちに反応を起こしたのは、援助対象とされた国々でした。さきに紹介した、ソ連による安全保障を拒否するというポーランド政府の声明（四月一九日）は、このソ連提案への拒否回答として出されたものでした。ルーマニアは、四月一七日、自国領土内をソ連軍が通過することを拒否する声明を発表、エストニアやラトビアも、中立の保持を名目に、事実上の拒否という態度を明らかにしました。

イギリスやフランスは、ソ連に軍事援助を求めた当の政府ですから、頭から拒否する理屈はたたず、協議中ということでお茶を濁しているうちに、五月三日、ソ連外相がモロトフに交替するという事態を迎えたのです。

イギリス大使とフランスの代理大使が、三国間の相互援助協定の英仏案を、ソ連政府に提出したのは、ソ連の八項目提案から四〇日ほどたった五月二七日のことでした。

その内容は、全条項を「国際連盟規約」中心主義で固めていました。すなわち、侵略という事態が起こってから各国が援助の行為を発動するまで、すべて国際連盟規約に従った手段をとらなければならないとする内容で、とても緊急非常の危機への対応策とは思えない、たいへん悠長なものでした。さらに、ポーランドなどの安全保障へのソ連の参加の問題については、中立の侵犯に「抵抗するための援助をその国がソ連に要請」した場合という条件がつけられ、さらに侵略が発生した場合必要になる軍事行動の協議についても、「事態が発生した場合、三国政府は即時協議に入る」として、ソ連が提起した事前の軍事協定はまったく否定されていました。

結局、それは、ドイツのポーランド侵略が現実に起こった場合、ソ連にポーランド支援国という旗は持たせるが、軍事行動の自由は何も与えないという、イギリスとフランスの意図をあからさまに表明したものでした。

問題がここまではっきりしてきたわけですから、直ちに拒否しても、道理は十分に通る内容でしたが、スターリンは、モロトフにそういう態度はとらせませんでした。

じっくり構えて、ソ連側の対案を出し、時間をかけて討論するという態度をとらせたのです。

六月二日、ソ連は、ソ連側の修正案を英仏両大使に提出しました。

ソ連案は、国際連盟規約との関連をまったく取り除いて、三国の自主的な協定としたところに、まず大きな特徴がありました。この点は、第三条に、侵略の脅威が生じた時には、ただちに協議し、「必要な場合には、国際連盟の定めるいかなる手続きからも独立して、相互援助の機構をただちに実行に移す」との規定を設けています。

また、援助の対象となる国々も、三国にくわえて、ベルギー、ギリシア、トルコ、ルーマニア、ポーランド、ラトビア、エストニア、フィンランドと、国名をあげて明記していました（第一条）。

ほかにも、相違点はさまざまありましたが、一番の大きな違いは、英仏案が、いざという時の援助の内容や方法について、すべて将来の協議にゆだねているのに対し、ソ連が、第二条で、三国が「援助の手段、形態、規模」について協定、つまり軍事協定を結ぶことを明記し、第六条で、この相互援助協定は、軍事協定と同時に発効するという規定をもりこんだことでした。これは、四月のソ連案の規定を基本的にひきついだものでした。

この条項を認めれば、イギリスとフランスは、最初から回避し続けてきた軍事援助の内容について、具体的に検討し決定することをいやおうなしにせまられることになります。

それから二カ月近く、英仏とソ連とのあいだでは、あれこれの修正案の応酬が続きましたが、その中心は問題の軍事協定にありました。結局、七月二三日の三国会談で、英仏が政治協定と軍事協定の同時締結というソ連の主張を受け入れ、七月二九日、イギリス政府から、八月にモスクワで英仏ソ三国の軍事担当者が集まって、軍事会談を開催する旨の連絡がありました。

こうしてソ連とイギリス、フランスの交渉は、核心の問題を正面から論議する決定的段階を迎えたのです。そこまで来るのに、双方が案を出し合ってから約二カ月、そして現実に軍事代表団が顔を合わせるまでにさらに半月ほどの時間がかかったのですから、ヨーロッパ情勢の緊迫した空気のなかではきわめて異例のことでした。

なお、ここで一言しておきたいのは、英仏ソ三国の交渉に臨んだソ連の態度について、ソ連が、（1）イギリス、フランスとの協議が成立したら、ヒトラーに対抗する三国連合の道を選ぶ、（2）それができなかったら、ヒトラーとの提携に踏み切る、こういう〝二股作戦〟をとっていたのだという見方が一部にあることです。私は、これは、見当違いの分析だと思います。

もともと、〝いざ戦争〟という時期が目前に迫っている時に、こんな〝二股戦略〟をとることは、軍事配置の準備からいっても不可能なことです。しかも、英仏側の提案が、ポーランドのソ連軍の域内立ち入り拒否という決定的な障害を前にして、実現不可能な構想であることは、最初から明らかなことでした。

スターリンにとって、対ドイツ接近政策の成否はまだ明らかではありませんでしたが、ドイツとの事実上の同盟を、可能な、そして最も有力な選択肢として意図的に追求しながら、他方では、英仏ソ連合の不成立がもっぱら英仏両政府の責任であることを、英仏との交渉そのものの事実経過をもって世界に知らせる――ここにスターリンの政治戦略の眼目があったのでした。そして、対ドイツ関係の打開の展望が見えてきた段階になって以後は、モスクワで公然と展開されている英仏ソ交渉には、水面下のドイツとの交渉を世界の目からかくす絶好の衝立《ついたて》の役割もあたえられました。

四、ヒトラー、ついに動き出す

バルト、ポーランドの問題が事前接触の焦点に

モスクワでの三国軍事会談の開催が決定されたのとほぼ同じ頃、ドイツとソ連の関係では、新たなページが開かれつつありました。

「政治的基礎」の樹立を求めるモロトフ発言で、ドイツ側をじらしてきたソ連は、七月中旬、ようやく経済交渉の再開に応じ、七月一八日、クレジット問題での担当者間のベルリン会談（ドイツ側・シュヌッレ、ソ連側・外国貿易人民委員部代表ババーリン）が実現、七月二二日には、ソ連のすべての新

聞が「ドイツとのクレジット交渉の再開」を報じ、経済分野での独ソ接近の事実を初めて明るみに出しました。

続いて、七月二五日、シュヌッレは、交渉相手のババーリンおよびソ連大使館のアスタホフ参事官（代理大使）を招いて長時間懇談し、特に独ソ間の政治関係についてかなり突っ込んだ話をしました。なかでも、ドイツ側が、スターリン治下のソ連をどう見ているかについて語った部分は、当のソ連代表を相手によくもここまで言ったな、と思わせるもので、シュヌッレの会談報告から、その部分の要点を紹介しておきます。

「私はこの機会を利用して、ロシア・ボリシェビズムの最近の数年間の変化についてのわれわれの意見を詳しく説明した。国家社会主義に対する敵意は、モスクワに依存するとともにコミンテルンの道具にすぎないドイツ共産党との闘いから自然に生まれたものだった。ドイツ共産党との闘いははるか以前に終了した。ドイツでは共産主義はすでに根絶されている。コミンテルンの意義も政治局によって影の薄いものとされており、政治局では、かつてコミンテルンが支配していた時期とはまったく違った政策がとられている。偉大なロシア人およびその栄光ある功業（賞賛すべきポルタヴァの戦い、ピョートル大帝、ペイプス湖の戦い、アレクサンドル・ネフスキー［★］）に自らを表しているロシア民族の歴史とボリシェビズムとの合体は、われわれが承知しているように、ボリシェビズムの国際的な相貌を本当に変化させた。とくにスターリンが世界革命を無期限に延期させて以来、そうだ。こういう状況のもとだから、どんな形式でにせよ、共産主義的宣伝を拡大しようと言った企てがドイツで行われない限り、今日、以前には見ることができなかった可能性を見ているのだ」(『大戦の秘録』四八～四九ページ)。

★　**栄光ある功業**　ここに挙げられているのは、ロシア史上の次の人物と事業です。
ポルタヴァの戦い(一七〇九年)。バルト海の支配権をめぐるロシアとスウェーデンの北方戦争(一七〇〇～二一年)中、ピョートル大帝のロシア軍が、ウクライナのポルタヴァで、スウェーデン軍を打ち破った戦い。

ピョートル大帝(一六七二～一七二五年)。一六八二年に即位した最初のロシア皇帝。

ペイプス湖の戦い。一二四二年、現在のエストニア・ロシア国境にあるペイプス湖上で、アレクサンドル・ネフスキーの率いるノヴゴロド軍とドイツ騎士団が戦った「氷上の戦い」のこと。

アレクサンドル・ネフスキー(一二二〇～六三年)。ノヴゴロド(ロシア北部にある最古の都市の一つ)の英主としてスウェーデンやドイツと戦った一三世紀のロシアの英雄。


続いて七月二九日、ヴァイツゼッカー外務次官は、シューレンブルクに訓令を送り、モロトフとの話し合いで、状況によっては、次の諸点を話してよい旨、伝えました。
1. ポーランド問題については、事態がどのような展開をする場合でも、われわれはソ連のあらゆる権益を擁護し、ソ連政府との了解に到達する用意があること。
2. バルト諸国の問題についても、われわれはバルト問題に関するわれわれの立場を調整し、バルト諸国におけるソ連の死活的利益を尊重すること（同前五〇～五一ページ）。

ドイツ側は、モロトフのいう「政治的基礎」が東ヨーロッパやバルト地域におけるソ連の権益の要求であることをようやく理解し、モロトフが希望したように、ドイツ側から問題をもちだす肚を決めたのでした。ここから、独ソ交渉は、二つの国家の領土拡張要求の調整という帝国主義、覇権主義の軌道の上を走ることになります。

八月二日の夜、リッベントロップ外相がソ連のアスタホフ代理大使を呼び、ドイツ政府を代表する立場で、ソ連とのあいだで、バルト諸国やポーランド問題を解決できるという確信を直接伝えました。その状況を、リッベントロップは翌日すぐ、モスクワのシューレンブルク大使に電報で次のように知らせています。

「私は、いま満足のうちに進行している通商協定交渉にふれ、このような通商協定は、それが希望されるなら、ドイツ＝ロシア関係の正常化に向かう途上の好ましい一歩になると述べ、次の通り言明した。

〝ソ連に関するわれわれの新聞の論調が、この半年以上も大きく違ってきていることはよく知られている。私は、ロシア側に希望がある限り、われわれの関係を、次の二つの条件を基礎に樹立し直すことは可能だと考えている。

（a）他国の内政に対する不干渉（アスタホフ氏は、この点はすぐ約束できると思うと確言した）。

（b）われわれの死活の利益に反対する政策を放棄すること。これについて、アスタホフは、明確な回答をすることができなかったが、彼は本国政府がドイツの相互に理解しあえる政策を追求する希望を持っていると考えていた〟。

私は続けて言った。〝われわれの政策は直接的で範囲の広いものである。われわれは決して急いではいない。われわれはモスクワに対して好意的態度を持っており、したがって、問題はモスクワの指導者たちがどんな方向を望むかである。もしモスクワが〔否定的（電報の欠落）〕態度をとる場合には、われわれは自分の立場も取るべき方策も知っている。もし逆の場合であれば、われわれ両国のあいだには、バルト海から黒海まで、解決できない問題はない〟。私はまた〝バルト諸国にはわれわれ両国をいれるだけの余地があり、ソ連の権益はそこでわれわれとけっして衝突する必要のないものである。ポーランドに関しては、われわれは事態の今後の発展を注意深くまた冷静に注視している。ポーランド側が挑発した場合には、われわれは一週間以内にポーランド問題を解決するだろう〟と述べた。予期しえない緊急事態にことよせて、私は、ポーランドの運命についてロシアと協定することが可能だというヒントを、おだやかな形で示したのである」（同前五二〜五三ページ）。

この後、独ソ間では、お互いの立場を確かめあうようなやり取りがいろいろと続きますが、これは主に外交官同士の対話で、重要な展開を示唆するものはありません。

独ソ提携を求めるドイツ側の「訓令」

決定的な行動は、ドイツの側からとられました。ヒトラーが、リッベントロップ外相のソ連訪問を決定し、八月一四日夜、リッベントロップは、次の〝声明〟を総統ヒトラーの名とともにソ連政府に伝達するように、シューレンブルクに訓令したのです。この伝達は、モスクワ時間で八月一五日午後八時、モロトフとの会談でおこなわれました。歴史的な文書なので、全文をここに採録しておきます。

「(一)　国家社会主義ドイツとソ連とのあいだのイデオロギー的対立は、過去数年間、ドイツとソ連が、互いに二つの分離し敵対する陣営をなして対立しあってきた唯一の原因だった。最近の時期の発展は、世界観の相違は、両国間の関係および新しい友好的形式による協力の復活を禁じるものではないことを示しているようである。いまや外交政策における両国の対立の時期に終止符を打つことができるし、両国の前には、新しい将来への道が開かれている。

(二)　ドイツとソ連とのあいだには、利害の本当の意味の衝突は存在しない。ドイツおよびソ連の生存圏は相接しているが、その本来の要求において、両国間の衝突はない。それゆえに、一方の国が他方の国に対して侵略的態度をとる理由は、まったく欠落している。ドイツは、ソ連に対していかなる侵略的意図も持たない。

ドイツ政府は、バルト海から黒海までのあいだに、両国を完全に満足させる解決のできない問題は存在しないという見解を持っている。これらのなかには、たとえば、バルト海、バルト地域、ポーランド、東南ヨーロッパ問題などがある。このような問題については、両国間の政治協力のみが有益な効果をもたらすのである。同じことはドイツとソ連の経済についても言い得るのであって、両国の経済は、どういう方向にでも拡張することができる。

(三) 今日ドイツ―ソ連政策が、歴史的転換点に到達していることは、疑問の余地がない。きわめて近い将来、ベルリンとモスクワでおこなわれるはずの政策決定は、数世代にわたるドイツ国民とソ連国民との関係にとって、決定的な重要性をもつことになるだろう。そして、この二つの国民が、将来再びなんらやむを得ない理由もなくたがいに武器をとってたち向かうか、それとも再び友好的な関係の中で過ごすかは、実にこれらの決定にかかっている。以前にも両国民が友好関係にあった時は両国の関係は良かったし、敵対関係にあった時は悪かったのである。

(四) ドイツとソ連は、数年間にわたってそれぞれの世界観が対立していた結果、今日もなお不信の目を持って相手を見ていることは確かである。これまでに蓄積されてきたこれらの屑を一掃しなければならない。しかし、これまでの時期においてさえ、ロシア人に対するドイツ人の自然の共感が決して消失していなかったことは指摘される必要がある。両国の政策は、これを基礎にして新たに確立することができる。

(五) ドイツ政府とソ連政府は、あらゆる経験から判断して、資本主義的西側民主主義諸国が、国家社会主義ドイツとソ連との双方にとって、容赦のない敵であることを、確かな事実として考慮に入れなければならない。今日、彼らは、軍事同盟の締結によって、ソ連をドイツに対する戦争に引き込もうとしている。一九一四年には、この政策は、ロシアに悲惨な結果をもたらした。西側民主主義諸国を利するだけにすぎないドイツおよびソ連の破壊を、今後永久に回避することこそ、両国のどちらにとっても絶対的な利益である。

(六)　ドイツ＝ポーランド関係における危機は、イギリスの政策とイギリスの戦争扇動、およびその政策と結びついた同盟の企てによってうみだされたものであり、それは、独ソ関係の急速な明確化を要望している。もしそのことがおこなわれなければ、これらの問題は、なんらドイツがイニシアチブをとることなしに、両国政府からドイツ―ソ連の友好関係復活の機会を奪い、またおそらくは両国が共同して東ヨーロッパの領土問題の明確化の機会を奪う方向への転回を見せるかもしれない。従って、両国の指導部は、事態を流れに任せることなく、適当な時期に行動を起こすべきである。もしも互いに相手の見解や意図の認識を欠いていた結果、われわれ両国民が最後的に切り離されるようなことが起これば、それこそ致命的な事態だといわなければならない。

われわれは、ソ連政府もまた、独ソ関係の明確化についての希望を持っていることを知っている。しかし、これまでの経験によれば、この明確化は普通の外交的チャンネルを通じた場合には、たいへんゆっくりしたテンポでしか実現されえないので、ドイツ政府外相リッベントロップは、総統の名において、モスクワに短期の訪問をおこない、スターリン氏に総統の見解を伝える用意を整えた。フォン・リッベントロップの見解によれば、このような直接的討議によってこそ、変化をひきおこすことができるし、それによって、ドイツ―ロシア関係の決定的な改善の基礎をつくることは、けっして不可能ではない」（前掲書七〇～七二ページ）。

こうして、独ソ首脳間の最初の会談が開かれることになりました。それも、たんにドイツとのあいだの平和的な関係を保証するにとどまらず、独ソ両国間での東ヨーロッパの再分割という問題についても、おおまかにではあるがドイツ側の同意が事前に明確にされるという条件のもとで、開かれることになったのです。

奇《く》しくも、モロトフがドイツ側のこの〝声明〟を受け取った時、まさにモスクワでは、英仏ソ三国の軍事会談が開催されている真っ最中、八月一二日に始まった会談の四日目でした。スターリンが、この両面外交にどのような決着をつけたか、その推移は節をあらためて見ることにします。

五、三国軍事会談。スターリンの采配ぶり

スターリンが指示した会談のシナリオ

七月二九日に決められた英仏ソ三国の軍事会談は、八月一二日にモスクワで始まりました。決定されてから開催まで二週間もかかった理由は、もっぱらイギリス側の事情によるものでした。イギリス政府は、出席する代表団を八月一日に決定し、八月四日にロンドンを出発したものの、飛行機も高速の軍艦も使わずに、貨物船での船旅でレニングラードに行き、そこから列車を乗り継いでモスクワに向かうというのんびりした道を選び、八月一一日、六日もかけてモスクワに到着したのでした。フランス代表団もそれに同行しました。しかも、イギリス代表団の団長（ドラックス提督）は、その地位からいって、イギリスの軍事戦略の中枢にかかわる人物ではなく、協定ができたとしてもそれに調印する権限は与えられていませんでした。しかも、ロンドンでこの代表団を支えるはずのイギリス政府

の方は、首相も外相も夏の休暇で狩猟や魚釣りに出かけているという、ふざけた態勢でした。

ソ連側は、ロンドン大使館からの報告でそうした事情は万事承知していましたが、団長はウォロシロフ国防人民委員、団員にはシャポシニコフ参謀総長に海軍人民委員、空軍司令官など錚々《そうそう》たるメンバー（党政治局員）を並べるという本格的な構えをもって、会談に臨みました。イギリスやフランスがどうであれ、ソ連は真剣な努力をつくしたが、イギリス、フランスに真剣な軍事的提携の意志がないため、共同の安全保障計画は失敗に終わったということ、そのことが事実をもって証明される場となりさえすれば、スターリンがこの軍事会談にかけた目的は十分に達成されるのでした。

ただ、その目的を効果的に達成するうえで、一番の弱点となりうるのは、ソ連側の団長ウォロシロフに、戦争の経験はあっても、外交交渉の経験がなかったことです。その弱点をカバーするために、スターリンは、会談の始まる前の八月七日、会談はこういう順序で進めるという、団長役の手引きとなるシナリオを書いて、それを「指令」としてウォロシロフに渡しました。それは、次の八項目の指令でした。

（1）会談は秘密であること。

（2）会談に入る前に、英仏代表団長がそれぞれの政府から協定調印のための全権を与えられているかどうかを尋ねること。

（3）全権を与えられていなければ、なんのためにソ連に派遣されたのかを尋ねること。

（4）軍事協定調印の準備のための会談に派遣された、と彼らが答えたら、英仏はどんな防衛計画があるのかを尋ねること。

(5)もし侵略に対する具体的な計画がなければ、軍事会談でどんな問題を討議するかを英仏が考えているとは思えない。

(6)それでも英仏が会談をおこなうことを主張するのであれば、個々の原則的な問題、主としてヴィリニュス回廊［★1］やガリチア［★2］、ルーマニア領内のソ連軍通過の問題について討議すること。

(7)もしポーランドとルーマニア領内のソ連軍の自由な通過が拒否されれば、侵略に対する防衛は失敗する。はじめから失敗するとわかっている企てに参加することはできないと明言すること。

(8)軍事的な工場や研究所、軍事施設を見せてほしいと英仏が要請したら、一九三八年のリンドバーグ飛行士［★3］のソ連訪問以後、ソ連政府は国防企業や軍隊を、わが国の同盟国以外の外国人には見学を禁止してきた、と話すこと。

★1　**ヴィリニュス**　リトアニアの首都。

★2　**ガリチア**　カルパチア山脈の北部にある一地方で、中世以来、ロシア、ポーランド、ハンガリーによって領有を争われたが、軍事会談当時はポーランド領に属していました。

★3　**リンドバーグ**　一九二七年、大西洋無着陸横断飛行（ニューヨーク―パリ間）に成功して、世界的な名声を得たアメリカの飛行家。一九三八年にソ連を訪問して歓迎されました。

会談はシナリオ通りに進行した

手取り足取りの会談手引き書ですが、これは、現実の軍事会談の進行にあたって絶大な威力を発揮しました。ウォロシロフがスターリンの手引き書通りに会談を進めると、相手側はスターリンが予見した通りの対応をし、七回にわたる会談は、スターリンが到着点とした結果へと、確実な足取りでみちびかれていったのです。

会談の記録に照らして、その経過を見てみましょう［★］。

★　スターリンの指令書および軍事会談の記録は、斎藤治子前掲書によりました。

八月一二日　第一回会談

ウォロシロフ団長は、会談に先立って、会談の内容を秘密にすることを提案しました（スターリンの指令第1項）。英仏代表はこれに合意します。

ウォロシロフは、続いて、〝自分は軍事協定調印のためにソ連政府の全権を得ているが、英仏の団長はどうか〟と質問しました（指令第2項）。これにたいし、フランスの代表団長（ドゥマン）は、ダラディエ首相の署名入りの、交渉の全権を付与された委任状を持っていると答えますが、イギリスの団長（ドラックス）は、委任状は持っておらず、〝ない〟と答えました。ウォロシロフが、それではこの会談で論議しても協定を結ぶことはできないではないか、と追及すると（指令第3項の変形）、イギリス団長は、〝会談をロンドンに移したらすぐにも委任状が取れる〟と苦し紛れの回答をして、出席者の失笑を買うという一幕がありました。

次に、ウォロシロフは、侵略に対する防衛の具体的な計画を出してほしいと、英仏に求めました（指令第4項）。

ドラックス　ソ連の方から計画を出すものと思っていた。

ウォロシロフ　ソ連はもちろん具体的計画を持っているが、英仏がそれぞれ参謀本部で討議しただろう計画を聞いてから、ソ連側の計画を出したい。英仏は侵略されそうなポーランドやルーマニアに軍事援助を約束しているのだから、計画があるはずではないか。

ドラックス　討論の資料を準備するから、今日の会議はここで終わりにしたい。

こうして、会談第一日に、イギリスとフランスは、ポーランド防衛などの軍事計画について、自分たちの考えを説明せざるをえないところに、早くも追い込まれてしまったのです。

八月一三日　第二回会談

この日は、英仏代表がそれぞれ自国の軍事状況の報告をおこないましたが、どちらも、動員可能な師団数など軍事力の規模などの報告にとどまります。ウォロシロフが、ドイツがフランスやポーランド、ルーマニアを攻撃した場合、英仏参謀本部はどんな作戦計画を持っているかを尋ねても、回答はないのです。報告された動員可能な軍事力の規模も驚くほど少ないし、支援の対象として一番緊急性のある国であるポーランドの軍事力については情報を持っていませんでした。

そこでウォロシロフが、英仏両国の防衛計画について質問を続けたうえ（指令第5項）、ドイツの侵略に対する対応を具体的に考えれば、ポーランド、ルーマニア領内のソ連軍の通過なしには、軍事援助はありえないという問題を提起すると（指令第6項）、その討議は翌日に持ち越そうということになりました。

八月一四日　第三回会談

この日は、ポーランドとルーマニア領内のソ連軍通過の問題をめぐって、押し問答が続きました。英仏側は、問題の両国は、攻撃を受けたらきっとソ連の援助を要請するだろうとか、その交渉はソ連がやるべきだとか、逃げ口上を繰り返しますが、最後に、イギリスの団長が、〝英仏にそれをやれというなら、ロンドンとパリに連絡を取ることはできる。ドイツの侵略の危険が迫っているいま、時間を無駄にすることはできないから、ロンドンとパリからＯＫの回答が来ることを期待して、会談を続けよう〟と発言、そこでこの日の会談は終わりました。

八月一五日　第四回会談

この日は、ソ連側のシャポシニコフが、ドイツの侵略行動に対する共同行動のソ連案を提出しました。参謀総長が立案したものですから、軍事計画は詳細なものでした。（1）侵略国が英仏を直接攻撃した場合、（2）侵略がポーランド、ルーマニアに向けられた場合、（3）侵略国がフィンランドやバルト諸国の領土を利用してソ連を攻撃した場合、この三つのケースを想定して、そのケースごとに、ソ連がどれだけの兵力を動員し、英仏がどのような義務を負うかを明らかにしたのです。

そして、どのケースでも、ソ連軍のヴィリニュス回廊、ガリチアの通過問題が、三国の対独共同作戦の欠くことのできない前提条件となることが、きわめて具体的に浮き彫りにされました。

この日は、イギリス側は、海軍戦略の重要性を強調しただけで、議論を翌日続けることとして、この日の討議は終わりました。

会談が終わったのは午後一時二〇分、ドイツのリッベントロップ外相から、独ソ提携に踏み切った決定的な訓令がモロトフに伝達されたのは、それから六時間あまりたった午後八時のことでした。英仏ソ三国軍事会談の不毛の終結の時期と、独ソ提携をめざす会談への移行の時期とは、スターリンの思惑通り、見事に一致したのです。

八月一六日　第五回会談

この日、英仏側は、数日来提起された核心の問題を避けたまま、空軍力の話など、いくつかのことを問題にし、防衛プラン作りの討議をつづけようとしましたが、ウォロシロフは、「われわれは、ソ連にとって主要な問題、すなわち、侵略に対する共同行動のためにポーランドとルーマニアの領内をソ連軍が通過する問題を解決できなかった。われわれは、この問題が肯定的に解決されて初めて、今まで話されたプランの討議に入ることができる」と、きっぱり答えました（指令第7項）。

会談の打ち切りを避けたいと、フランス側がまだソ連空軍の報告を聞いていないと粘るので、一応翌日の会談続開は認めたものの、ウォロシロフは、ソ連軍の通過問題での英仏政府の回答があるまで、会談は一七日で中断することを予告しました。

八月一七日　第六回会談

ソ連の空軍力の戦闘力について報告し、ウォロシロフがソ連の作戦計画について英仏側の質問を受けた後、ウォロシロフは、回答がなければ会談を中断すると通告しました。英仏側の抗議と希望で、回答がなくても、八月二一日に会談を再開することになりました。

八月二一日　第七回会談

この間に、ともかくフランス側は、ポーランド政府への働きかけを一応はやりましたが、イギリス政府は、首相も外相も休暇から帰らず、ついに何の動きもしませんでした。もちろん、ポーランド政府の態度は変わりません。

この日、いったん休憩後、午後四時に最後の会談が開かれましたが、事態に進展がないのですから、会談の進みようがありません。会談はすぐ中断になりました。

そして、会談が中断している間に、リッベントロップの八月二三日のモスクワ訪問が最終決定され、英仏ソ会談に終止符が打たれたのです。

覇権主義の正当化に最大限に活用

英仏ソ三国会談は、こうして不毛のうちに終わりましたが、スターリンにとっては、これは決して無意味な会談ではありませんでした。

スターリンは、英仏ソ三国会談の経過と結末を、ドイツと不可侵条約を結ばざるを得なかったことの根拠として、最大限に利用しました。一九三九年八月三一日の最高会議で、モロトフが独ソ不可侵条約の締結について報告した時にも、英仏ソ会談の決裂を独ソ接近のもっとも重要な国際的背景として強調しましたが、一九四八年四月、アメリカ側の独ソ関係秘密文書の公表への反論として発表されたソ連情報局の論文『歴史の偽造者』（本巻二一〇ページ前出）では、その見方が、一段とあからさまに押し出されました。

この論文は、「第三章　ソ連の孤立、独ソ不可侵条約」の全体をこの問題にあて、「イギリスおよびフランスは、アメリカ支配層の支持のもとに、戦争が現実に切迫していた一九三九年の春から秋にかけてのあの宿命的な期間においても、なおかれらの政策の、従来の方針を続行していた。それはヒトラー・ドイツをソ連にけしかける挑発政策であった」として、その何よりの証拠として、三国交渉をあげています（日本語版四二～四三ページ）。

論文は、三九年三月から八月に至る交渉の経過を資料的にたどったうえで、交渉に臨んだ三国の態度を次のように特徴づけます。

「以上に示した資料は、次の如き、当然の結論を確証するに足るものである――

一、ソビエト政府は、交渉の全期間にわたって、平等原則に立脚し、かつ相互援助が実際効果的なものとなるような次の如き条件による対侵略国相互援助に関し、イギリス及びフランスとの協定を達成せんがために、並々ならぬ忍耐を示した。この条件とは、すなわち、政治的条約の締結に付随して、援助の範囲、形式および期限を定めた軍事協定に調印することであった。……

二、ソ連との交渉中におけるイギリス及びフランスの行動は、イギリス及びフランスがソ連とのいかなる真面目な協定をも考えてはいないということを、完全に確証した。けだし、イギリス及びフランスの政策は、平和と侵略防止とはなんら共通性のない、まったく別の目的をめざしているからである。

三、英・仏政策の卑劣な意図は、ソ連には、同盟国がなく、孤立しており、したがってヒトラーは、イギリス及びフランス側からの反撃に出会う恐れなしに、ソ連を攻撃しうるということを、ヒトラーに了解させることにあったのである。

であるから、ソ・英・仏交渉が失敗に帰したということは、何ら驚くにあたらない」（同書五六～五七ページ）。

続いて、論文は、イギリスが、ソ連との交渉と並行して、ドイツと秘密の「黒幕交渉」をおこなっていたことを告発したうえで、こう論じます。

「イギリス及びフランスが、ヒトラー・ドイツの戦争展開を阻止するための、何らまじめな措置をも企図していなかったばかりでなく、反対に秘密の談合や取引の方法、あるいはできるかぎりの挑発方法によって、ヒトラー・ドイツをソ連にけしかけるために、かれらのなし得るいっさいのことをおこなっていたことは、当時もはや何ら疑う余地もありえない。

いかなるたくみな贋造者《がんぞう》も、歴史や諸国民の意識から、このような条件下におかれたソ連の選ぶべき手段は、次のことだけであったという決定的事実を追いのけることはできないであろう。すなわち、

あるいは自衛のためにドイツの申し入れた不可侵条約締結に関する提案を受諾し、そのことによって、ソ連にある期間の平和存続を保障し、この期間を利用して、将来予想される侵略者の攻撃に対抗するために自国の力をいっそうよくととのえるか。

それとも不可侵条約に関するドイツの申し入れを拒否し、そのことによって、西ヨーロッパ列強陣営の戦争挑発者どもに、ソ連にとってまったく不利な状態、すなわち、その完全なる孤立状態において、ただちにソ連を軍事的衝突に追い込ませるか、そのいずれかであった。

かかる情勢において、ソビエト政府は自己のとるべき道を選ばざるを得なかったのであり、すなわちドイツと不可侵条約を締結するの余儀なきに至ったのである」（同前六二ページ）。

ここで展開されている議論は、イギリスやフランスの帝国主義的思惑を批判している限りは、多くの点で事実にあったものをもっています。しかし、その決定的な二つの論点、すなわち、第一に、ソ連自身を、二匹の邪悪な狼に脅かされている子羊のように描き出し、第二に、ソ連が結んだ不可侵条約を、子羊が自分の生命を辛うじて守った平和と自衛の条約として描き出していることは、それこそ「歴史の偽造者」の名に値する論理だと言わなければなりません。締結された独ソ条約は、帝国主義、覇権主義の二匹の狼が、六カ国にわたる他国の領土の分け取りを取りきめた近代史にも例を見ないあからさまな略奪条約であり、それを締結した行為こそは、スターリンが覇権主義的な領土拡大の道に公然と足を踏み出した第一歩にほかならなかったからです。

そのことは、八月一五日に幕が開かれた独ソ不可侵条約の締結交渉とその内容および結果を見れば、明らかになります。この問題は、第一〇章で検討することにしましょう。

第一〇章　独ソ不可侵条約。ポーランド分割

一、一九三九年八月の大転換

会談決定に至る七日間のやりとり

一九三九年八月一五日、ドイツが、リッベントロップ外相のモスクワ訪問を彼自身の〝声明〟とともに申し入れてから、その日程が決まる二一日までの七日間、ベルリンとモスクワとのあいだには慌ただしいやりとりが続きました。ソ連側が、訪問の申し入れを歓迎しながら、その実現までにはしかるべき段階が必要だと言って、悠然と構えるのに対し、ドイツ側が、事態は緊急だと、何度も申し入れを繰り返し、最後にヒトラーのメッセージで、八月二三日の訪問という日程が決まったのです。

ドイツ側には、緊急の会談を焦るだけの理由がありました。

すでにヒトラーは、四カ月以上前の四月三日、作戦「白」と名付けたポーランド作戦の極秘計画書を発令して、そこには、作戦発動の最も早い日程を、一九三九年九月一日と明記していたのです。

「作戦『白』にかんして、総統は次の命令を発出している。

作戦は、一九三九年九月一日以降のいかなる時点でも発動できるよう、準備されなければならない」。

独ソ提携の路線に踏み切ったヒトラーが考えたのは、この作戦を、ソ連の理解と協力のもとに実行するということでした。そのためには、少なくとも一週間ぐらい前までには、ソ連との政治的・軍事的関係を確立しておかないと、作戦に混乱が起こります。独ソ提携の路線に踏み切った以上、一刻も早くその路線から、作戦に必要な成果をひきだす、これがドイツにとって至上命令でした。

ところが、リッベントロップが、あれだけの熱弁でドイツ側の意欲を説明した〝声明〟を送っても、対応するモロトフの態度はなかなか渋いのです。その根底には、明らかに、ドイツとの連携を、東ヨーロッパへの領土拡大という覇権主義的要求にとって最も有利な条件で実現しようというスターリンの打算がありました。

この交渉にあたった両者の表情を、記録を要約しながら、七日間の経過から追ってみましょう（ここで示した時間は、断り書きがない限り、モスクワ時間です）。

八月一五日午後八時。シューレンブルク独大使、モロトフ外相に会い、リッベントロップ外相の〝声明〟と、早急にモスクワを訪問してスターリン、モロトフと会談したいという意思を伝える。

モロトフ、申し入れを歓迎するとともに、不可侵条約の締結を内容とする外相のモスクワ訪問を成果あるものとするためには、「十分な準備が必要である」ということを繰り返す。また〝ドイツはソ連と日本との関係改善および国境紛争解決［★］のために日本に働きかける用意があるか〟と、質問した。

シューレンブルク、一六日午前二時三〇分、会談内容をベルリンに打電。

★日本との国境紛争 日本とソ連は、三九年五月以来、〝満州国〟とモンゴルの国境地区のノモンハン周辺で交戦中でした（ノモンハン事件、詳細は本巻二八一～二八三ページに後出）。

八月一七日　午前一時。独大使、ドイツ外相からの次の訓令を受信。

再度モロトフを訪問して、次の補足的訓令を申し入れよ。

1．モロトフの提起した諸点はドイツ側の希望と一致している。ドイツはソ連と不可侵条約を締結し、ソ連と共同でバルト諸国を保障する用意がある。ソ連と日本との関係の改善のためにも努力する用意がある。

2．総統は、いつ重大事件が発生するかもしれない現状（ドイツはポーランドの挑発をいつまでも我慢するわけにはゆかない）に照らして、独ソ関係の迅速な明確化とさしせまった諸問題の相互調整が望ましいと考えている。だから、ドイツ外相は、八月一八日以降いつでも空路モスクワに出発する用意があり、総統から委任された特権をもって独ソ間のあらゆる問題を処理し、適切な条約に調印することができる。

大使向けの追伸。私のモスクワ訪問が今週末（八月一九日）ないし来週初めに実現できるかどうかは、われわれにとってきわめて特別な関心事である。

八月一七日　おそらく夜

モロトフと会見して補足訓令を伝える。

モロトフは、八月一五日の訓令に対する回答を文書で読みあげるが、基本態度に変わりはなかった。ただ「十分な準備が必要だ」という点を、（1）独ソ関係調整の第一歩として、通商とクレジットに関する経済協定の締結が先決である、（2）その後少し時間をおいてから、不可侵条約の締結に進む、それには八月一五日のドイツ側の声明［★］を含める議定書の作成をともなうべきだ、という段階論として展開してみせた。

独大使、一八日午前五時半、会見内容を打電。

★　**ドイツ側声明**　ここでは、〝声明〟の第二節で独ソ間で調整すべき問題としてあげた「バルト海、バルト地域、ポーランド、東南ヨーロッパ問題など」が議定書の内容となるべきことを指しています。〝声明〟全文は第九章（本巻二三一～二三四ページ）参照。

八月一九日午前五時四五分。独大使、外相からの訓令を受信。

至急モロトフと会見して、次の点を伝えること。

ソ連政府の誠意ある態度を知って大いに満足している。ただ、正常な状態なら通常の外交コースで独ソ関係の再調整をおこなうことができるが、現在の異常事態のもとでは、急速な成果をもたらすためには異例の方法をとることが必要になるというのが、総統の意見だ。ドイツ＝ポーランド関係はいつ戦争になるかわからない状態にある。だから、紛争が起こる前に独ソ関係を明確化することが急務となっている。

モロトフ氏のいう第一段階（経済協定）は今日完成したから、われわれはただちに第二段階に進むことができる。

私は総統から複雑な諸問題を取り決める決定的権限を与えられている。

不可侵条約には難しい問題はない（ここで考慮すべき二点として、相互の武力不行使、有効期間二五年を提示）。その他の問題については、私はモスクワでの口頭の協議で取り決めをおこなえる立場にある。いろいろの外交問題で両国の利害を規定する特別議定書に調印できる立場にもある。たとえば、バルト方面の勢力範囲の問題、バルト諸国の問題の解決などである。こういう重要な取り決めは、口頭での協議でのみ可能である。これに関連して、ドイツの外交方針は今日歴史的転換期にあることを強調されたい。ひたすら私の旅行の急速な実現を最高度に強調されたい。対ポーランド紛争が近く起こる可能性は大きい。

八月一九日。独大使とモロトフの会談。

第一回会談（午後二時～三時）。モロトフは、ドイツ政府の意図は了解するが、その訪問には十分な準備を必要とするから時期についてはいまのところ何も言えないとの意見に固執する。準備とは、不可侵条約及び議定書の内容の双方を指す。不可侵条約は各国のいろいろな事例も研究の必要がある。議定書の内容にどういう点をとりあげるべきか、ドイツ政府の意見を具体的にのべてほしい。会談は進展なしに終わった。

第二回会談（午後四時三〇分から）。会談が終了して三〇分もたたないうちに、モロトフから午後四時半からの再会談の提起があった。

ソ連政府に報告したところ、不可侵条約のソ連側草案をドイツ側にわたすこと、外相のモスクワ訪問は経済協定の公布一週間以内におこなうことが決まった。具体的には、モスクワ到着は八月二六～二七日になる。

モロトフは、この態度急転の理由は言わなかったが、独大使はスターリンの裁決の結果だと推論した。

独大使、八月一九日午後五時五〇分、内容をベルリンに打電。

しかし、回答されたこの日程でも、ヒトラーを満足させるものではありませんでした。ついに、ヒトラーは自ら乗り出して、スターリンに直接訴えることにします。

八月二一日午前〇時四五分、独大使、外相からの訓令を受信。以下はその全文です。

「総統は貴下に対し、ただちにモロトフに会見し、総統からスターリン氏にあてた次の電文を手交する権限を与えた。

〝モスクワ、スターリン氏へ。(一)私は独ソ関係の再調整の第一歩として、新しい独ソ通商条約の調印を心から喜んでいる。
(二)ソ連との不可侵条約の締結は、私にとってドイツの長期的政策の設定を意味するものである。ドイツは、それによって、過去には数世紀にわたってどちらの国にとっても有益であった政治的進路を再開することになる。従って、ドイツ政府は、今回、この遠大な変革に完全な一貫性をもってあたる決意をしている。
(三)私はモロトフ外務人民委員が手交した不可侵条約の草案を受け入れるが、関連した諸問題をできるだけ早く明確にする必要があると考えている。
(四)ソ連政府が希望する補足的議定書は、責任あるドイツの政治家自身がモスクワで話し合うなら、すぐ実質的に解決されると思う。補足的議定書の問題が解決をされ、短時間で締結にいたる他のどんな方法があるか、ドイツ政府にはわからない。
(五)ドイツとポーランドとの緊張関係は耐えがたいものとなった。大国に対するポーランドのふるまいは、危機がいつ勃発してもおかしくないものである。ドイツ政府は、この想定に立って、今から、いかなる場合でも、可能なあらゆる手段をもってドイツの利益を守る決意である。

（六）私の意見では、両国が互いに新たな関係に入ろうという意志を持っていることからいって、一刻も無駄にしないことが望ましい。従って、私は、あなたが、八月二二日の火曜日、遅くとも八月二三日の水曜日には、私の外相を受け入れることを再度提案する。ドイツ外相は、不可侵条約にも議定書にも、それを起草し調印する権限を持っている。ドイツ外相がモスクワに一日ないし二日より長く滞在することは、国際情勢から不可能である。あなたの早い回答を期待している。アドルフ・ヒトラー〞」（『大戦の秘録』九〇～九一ページ）。

シューレンブルク独大使は、ヒトラーのこのメッセージを、八月二一日午後三時、モロトフに手交し、午後五時、それに対するスターリンの次のようなヒトラーあての回答を受け取りました。

「一九三九年八月二一日。ドイツ総統　アドルフ・ヒトラーへ。あなたの手紙に感謝する。私は、独ソ不可侵条約がわれわれの国のあいだの関係の決定的な転換となることを希望している。われわれの国民は相互に平和的な関係を必要としている。不可侵条約の締結にドイツ政府が同意したことは、両国間の政治的緊張を除去し、平和と協同を設定する基礎となるものである。ソ連政府は私に、八月二三日、リッベントロップ氏のモスクワ来訪に同意する旨を、あなたに通知する権限を与えた」（同前九三ページ）。

独大使、同日午後七時三〇分、スターリンの回答をベルリンに打電。

こうして、ドイツ外相リッベントロップの八月二三日のモスクワ訪問は、ヒトラーとスターリンのあいだの直接のメッセージ交換によって、決定に至ったのでした。

モスクワ交渉の二日間

モスクワを訪問したリッベントロップとスターリンおよびモロトフとの会談は、八月二三日夕から二四日にかけて、長時間にわたっておこなわれました。

第一回の会談が終わったあとの午後八時五分、リッベントロップは、いったん大使館に帰り、外務省あての電話で、会談の模様を次のように知らせています。

「スターリン、モロトフとの最初の三時間にわたる会談は、たったいま終わったと総統に報告されたい。さらに、会談は、私たちにとって、肯定的に進んでいるが、最後の結論に達する上での決定的なポイントは、リバウとウィンダウの両港［★］をロシアの勢力圏にいれるというロシアの要求にあることがうかがわれる。ドイツ時間の八時前に、総統の同意が確認できればありがたい。東部地方全域で相互の勢力圏の境界を決定する秘密議定書が企図されているが、私は原則的にそれに応じる用意があると言明した。

リッベントロップ」

★　リバウ　ウィンダウ　どちらもラトビアの港。

ここからうかがわれるのは、会談実現には十分な準備がいるとあれだけ言っていたソ連側が、秘密議定書の主題となる相互の勢力圏の調整について、すでに本格的な準備をととのえていたことです。リッベントロップのこの電話には、秘密議定書についてのソ連のこの準備ぶりを見て、彼が驚いた風情がうかがわれます。しかし、もともとは、九月一日に予定していたポーランド戦を目前にして、それに間に合うように不可侵条約さえ結べれば、あとは全権限を任せるということで来たわけで、気になる点だけヒトラーに報告して、それがＯＫなら、ほかの点は大略ソ連案で進めるから、という電話連絡だったと読めます。

午後一一時、電話でヒトラーの回答として伝えられたのは、「回答はイエス。同意する」という簡潔なものでした。

こうして、独ソ不可侵条約と秘密追加議定書が、モスクワで締結されました。どちらも調印の日付は八月二三日になっていますから、ヒトラーの回答を得てから、あまり時間をかけないで調印までことが進んだことになります。この経過から見ると、第一回の会談で、多少のやりとりはあったでしょうが、条約の内容、とくに秘密追加議定書は、ほぼソ連の主導で作成されたものと見るのが妥当でしょう。

ドイツ側文書には、同行した外務次官補ヘンケが記録した、「八月二三日夜から二四日にかけて、ドイツ外相とスターリン、人民委員会議議長モロトフとの間に交わされた会談の覚書」という文書がありますが、そこには、条約に直接かかわるような内容は、含まれていません。

しかし、そこでおこなわれた対話には、条約をめぐる国際関係などへの言及をはじめ、条約を結んだ両国首脳部の雰囲気を示す興味深いものがあるので、いくつかの点を対話風に抄録しておきます。

（1）日本

ドイツ外相：日本とドイツの友好関係は決してソ連に対して向けられたものではない。われわれはむしろ、ドイツの日本との良好な関係によって、ソ連と日本との関係調整に有効に貢献できる立場にある。もしスターリン氏とソ連政府がそれを希望するなら、自分はその方向で行動する用意がある。ベルリン駐在のソ連代表と連絡をとりながら、日本政府に対しその影響力を行使するようにする。

スターリン：日本との関係の改善は希望するが、日本の挑発に対する忍耐には限度がある。もし日本が戦争を望むなら、戦争をすることができる。ソ連はそれを恐れていないし、それに対して準備をしている。もし日本が平和を望むなら、それは大いに結構なことだ！　日ソ関係の調整のためのドイツの援助は有用なことだと思うが、それがソ連側の発意によるという印象を日本に与えることは好ましくない。

ドイツ外相：同感だ。協力というのも、自分が数カ月前からベルリンで日本大使とおこなってきた会談を、ソ日関係の改善という意味で継続するということだ。従って、この問題で、ドイツ側が新しいイニシアチブをとるということではない。

（2）イタリア　（3）トルコ　（略）

(4) イギリス

スターリン、モロトフ：モスクワにきたイギリス軍事代表団について、自分たちの本当の考えを最後までソ連政府に話さなかったと、敵対的な論評をおこなう。

ドイツ外相：イギリスはこれまで、ドイツとソ連のあいだの良好な関係の発展を妨害しようとしてきたし、現在もそうしている。イギリスは弱いのに、世界支配というそのおこがましい要求のために他国を戦わせようとしている。

スターリン：イギリスの陸軍は弱い。イギリス海軍ももはや昔の名声に値しない。空軍は確かに増強されているが、パイロットが不足している。それにもかかわらず、もしイギリスが世界を支配するとすれば、それはいつも騙される国々が愚かなためだ。例えば二、三〇〇人のイギリス人がインドを支配するなど、滑稽な話だ。

ドイツ外相：イギリスは最近、一九一四年に言及するなど、新たな探りを入れつつある。イギリスらしい愚かな策動だ。自分は、ドイツ－ポーランド間の衝突の際、イギリスがとるあらゆる敵対的行動に対して、ドイツはロンドン爆撃をもって答えると通告するよう、総統に提案したところだ。

スターリン：その探りというのは、八月二三日、オーバーザルツベルク［ドイツ南部のオーストリア国境に近い避暑地］でヘンダーソン［独］大使から手交されたチェンバレン［イギリス首相］が総統にあてた手紙のことだろう。イギリスは弱いくせに、ずる賢く、そして頑強なやり方で戦争を始めるだろう。

（5）フランス

スターリン：フランスは、注目に値する陸軍をもっている。

ドイツ外相：フランスは数的に劣勢だ。ドイツは年間三〇万人以上の兵隊を召集できるが、フランスは年に一五万人を召集できるだけだ。（ドイツの）西部要塞線は（フランスの）マジノ線［★］の五倍も強力である。もしフランスがドイツとの戦争を企てたら、確実に敗北させられる。

★ **マジノ線** フランスがマジノ国防相の提案で、ドイツと国境を接する全線三二二キロに構築した大規模な近代的要塞線。その建設に一九二七〜三六年、一〇年の歳月をかけました。

（6）日独伊防共協定

ドイツ外相：防共協定は根本的にはソ連に向けられたものではなく、西側民主主義諸国に向けられたものである。ロシアの新聞の論調から見て、ソ連政府はこの事実を十分認識していると推測できる。

スターリン：防共協定は実際、ロンドン・シティとイギリス小商人たちを脅かしただけだった。

ドイツ外相：確かにスターリン氏は、ロンドン・シティとイギリス小商人たちのようには、防共協定によって脅かされなかった。ドイツ国民がこのことをどう見ているかは、機知とユーモアで有名なベルリンっ子がつくった「スターリンもそのうち防共協定に参加するさ」というジョークが、数カ月も各地で受けていたことからも明らかだ。

（7）独ソ不可侵条約に対するドイツ国民の態度

ドイツ外相：ドイツ国民のあらゆる層、とくに一般の人々は、ソ連との合意をもっともあたたかく歓迎するだろうと、断言できる。国民は、ドイツとソ連とのあいだには、利害のいかなる自然的な衝突も存在しないこと、これまで良好な関係の発展を妨げてきたのが、外国の陰謀、とくにイギリス側の陰謀によるものだったことを、本能的に感じている。

スターリン：私もそう信じる。ドイツ人は平和を欲しているから、独ソの友好関係を歓迎するのだ。

ドイツ外相：ドイツ国民は平和を欲するが、他方、ポーランドに対する憤激は非常に大きいもので、誰もが戦う用意をしているほどだ。ドイツ国民はポーランドの挑発にはもはや勘忍できない。

（8）乾杯

スターリン：（自ら総統への祝辞を提案して）私は、ドイツ国民がいかに総統を愛しているかを知っている。総統の健康を祝して乾杯。

モロトフ：まずドイツ外相とシューレンブルク大使の健康を祝して乾杯。続いて、「ドイツの人たちがよく知っているように、今年三月の演説［第一八回党大会での報告］によって、政治関係の逆転をもたらしたのは、スターリンである」と言って、スターリンのために乾杯。

スターリンとモロトフ：不可侵条約、独ソ関係の新時代、そしてドイツ国民のためにくりかえし乾杯。

ドイツ外相：（これに応えて）スターリン氏、ソ連政府、ならびに独ソ両国関係の好ましい発展を祝して乾杯。

（9）散会の時、スターリンがドイツ外相にのべた言葉。

「ソ連政府は新条約を非常に真剣に考えている。私は、ソ連はそのパートナーを裏切らないという言葉を保証できる」。

二、二つの覇権主義国家の政治同盟

政治的性格を強めた独ソ不可侵条約

ここで、締結された条約と秘密議定書の全文を紹介しておきましょう。

まず独ソ不可侵条約です。

「　独ソ不可侵条約

ドイツ国政府およびソビエト社会主義共和国連邦政府は、ドイツおよびソ連間の平和という目的の強化を希望し、一九二六年四月ドイツとソ連間に締結された中立条約にもとづき、次の協定に到達した。

第一条　両締約国は相互に単独または他国と連合して、いかなる暴力行為、いかなる侵略的行動または攻撃をも加えない義務を有する。

第二条　締約国の一方が第三国による交戦行動の目標となった場合には、他の一方はいかなる方法によってもその第三国に援助を与えない。

第三条　両締約国の政府は、共通の利害に影響を及ぼす問題で情報を交換するため、将来、協議の目的で相互に絶えず連絡をとる。

第四条　両締約国は、どちらも、直接または間接に他の一方に矛先を向けた強国グループには参加しない。

第五条　締約国のあいだで各種の問題について紛争や衝突が起きた場合、双方は、友好的な意見の交換を通じて、あるいは調停委員会の設置を通じて、これらの紛争や衝突を解決する。

第六条　本条約は、一〇カ年を期間として締結する。ただしこの期間終了の一年前、締約国の一方が廃棄通告をおこなわない限り、この条約の有効期間は自動的にさらに五年間延長される。

第七条　本条約はできる限り速やかに批准される。批准書はベルリンで交換する。合意は調印とともに実施される。」

八月一八日のドイツ側提案には、この条約の第一条と第六条に相当する内容しか含まれていませんでした。八月一九日のソ連側草案では、それに第二条、第三条、第五条が加えられました。モスクワでの本会談で加えられた新しい条項は、一方の国に敵対的な強国グループには他方の国は加わらないという第四条ですが、これがどちらの側の提案で加えられたかは、明らかにする記録がありません。

いずれにしても、ポーランド危機が諸強国間の戦争に発展する強い可能性をもった時期に結ばれた条約での条項です。この危機が、ドイツ対イギリス、フランスという強国グループ間の戦争に発展した場合、ソ連は、イギリス、フランスの諸国家とは、政治的にもグループを組まない条約上の義務を負ったことになります。また、当時、ノモンハンで日本はソ連と交戦中でしたから、もし日本が本格的な対ソ戦争に踏み切った場合に、ドイツがその日本と国家グループを組まない義務を負うことになります。

その意味では、締結された不可侵条約は、単純にたがいに武力行使をしないことだけを主眼にした最初のリッベントロップ案に比べれば、政治的意味合いのたいへん強い不可侵条約として仕上げられた、ということができます。そして、この条約の政治同盟的な性格は、同時に調印された追加秘密議定書によって、決定的なものとなるのです。

秘密議定書——東ヨーロッパ分割の取り決め

次は、いよいよ、問題の秘密追加議定書です。その全文は次の通りです。

「　秘密追加議定書

独ソ不可侵条約の調印の機会に、署名した両国の全権委員は、極秘で東ヨーロッパにおけるそれぞれの勢力圏の境界の問題について協議した。この結果、次のような結論に到達した。

（1）バルト諸国に属する地域（フィンランド、エストニア、ラトビア、リトアニア）の領土的、政治的再配列の場合は、リトアニアの北部境界［★1］をドイツとソ連の勢力圏の境界とする。これに関し、ヴィルナ地域［★2］におけるリトアニアの権益は双方で認める。

（2）ポーランド国に属する地域の領土的、政治的再配列の場合は、ドイツとソ連の勢力圏は、ナレフ、ヴィスツラ、サンの各河川をおおよその境界とする［★3］。

ポーランドの独立維持が望ましいかどうか、こうした国家がどういう境界をもつべきかの問題は、今後の政治的発展の過程でのみ最終的に決定されることができる。

どんな場合でも、両国政府は、この問題を友好的な協定によって決定する。

（3）南東ヨーロッパについては、ソ連側から、ベッサラビア［★4］におけるソ連の権益について注意が喚起された。ドイツは、これらの地域については、政治的に完全に無関心であることを表明した。

（4）この議定書は双方が極秘として取り扱う。

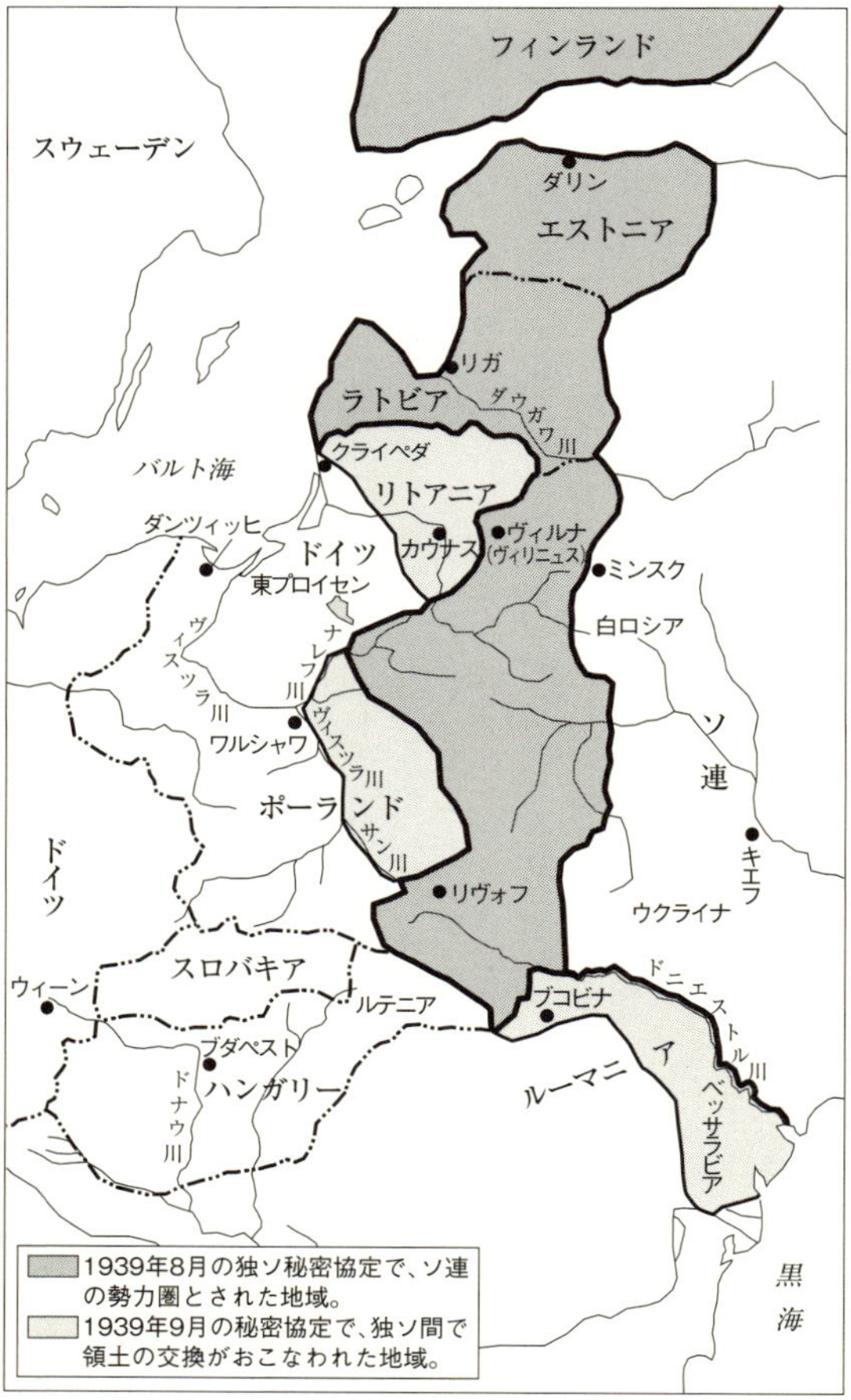

一九三九年八月二三日　　　　モスクワにて
　ドイツ政府を代表して　Ｊ・リッベントロップ
　ソ連全権委員　　　　　　Ｖ・モロトフ」

★1　**リトアニアの北部境界**　最初の勢力圏分割協定では、バルト三国のうち、リトアニアだけがドイツの勢力圏とされました。それは、クライペダ問題に大きな理由がありました。
　クライペダはバルト海沿岸の港湾都市で、第一次世界大戦前にドイツ領だった歴史があり、ベルサイユ条約でドイツからの分離が決まったあともここには自治政府がおかれて、ドイツがそれを通じての干渉権を行使してきました。ヒトラーがドイツで政権をとったあとは、クライペダで、ナチス・ファシスト党の勢いが強くなり、三九年三月、ドイツは、リトアニア政府に、クライペダをドイツに引き渡すか、それともドイツ軍のリトアニア進駐を認めるかという最後通牒を突きつけ、国境に軍隊を動員、クライペダに艦隊を差し向けて威嚇しました。この圧力のもと、リトアニアは、クライペダをドイツに譲渡しました。こうして、ドイツは、リトアニア国内に自国領として重要な拠点を獲得していましたから、バルト三国の中でも、リトアニアだけはドイツの勢力圏に組み込まれることになったのです。

★2　**ヴィルナ地域**　リトアニアの現在の首都ヴィリニュスとその周辺の地域（ヴィルナはポーランド語での地名）。ヴィリニュスは、歴史的にリトアニアの首都の役割を果たしてきましたが、一九一九年にポーランドの攻撃から始まったロシア＝ポーランド戦争後のリガ講和条約（一九二一年）で、ポーランドの領土とされ、リトアニアはその首都を失いました。その後、リトアニアは、実質的には首都をカウナスに移しましたが、その時期にも、公式にはヴィリニュスが首都、カウナスは臨時首都とする立場をとりました。議定書のこの規定は、ヴィリニュスとその周辺の地域に対するリトアニアの権利の回復を双方が認めるという意味です。

★3　**三河川による境界**　この境界線は、一九一九年にイギリスのカーゾン外相がポーランドの東部国境線として提案した、いわゆる〝カーゾン線〟とほぼ一致するものでした。カーゾンの提案は、一九一九年一二月、連合国最高会議で決定となりましたが、ロシア＝ポーランド戦争でロシアが敗北した結果、リガ講和条約で、カーゾン線よりも東方にはなれた線で、ロシアとポーランドの国境線が引かれたのでした。

なお、この国境問題では、革命ロシアの政府が、カーゾンの提案を問題にせず、二〇年八月一〇日、赤軍がポーランド領内に進撃して優勢だった時期に提案した講和条件の中で、「ソビエトは領土に関してはカーゾン卿覚書に示された線よりも譲歩する」方針であることを明記していたことは、注目される点です。レーニン時代のロシアは、国境や領土の問題で、自国の権益を絶対視せず、近隣諸国の人々のあいだで、社会主義の道を進む国ロシアへの信頼と共感が広がることをなによりも重視していたからです。この態度は、バルト諸国との講和の場合でも、一貫していました。

この「カーゾン線」問題は、ドイツの対ソ攻撃によって、ソ連がイギリスおよびアメリカと同盟関係を結び、反ファシズムの世界戦線の一翼をになうようになった後にも、あらためて重要な意義を持ってきますから、心にとめておいてください。

★4　**ベッサラビア**　ドナウ河口地帯にあり、ドニエストル川とプルト川に囲まれた地帯。中世以来、モルドヴァ公国領、オスマントルコ支配（一六世紀以降）、ロシア領（一八一二年以後）などの変遷を経ました。一九一七年のロシア革命の際に労働者、農民が決起してモルドヴァ共和国を宣言しましたが、一九一八年、ベルサイユ条約でルーマニアへの帰属が決定されました。スターリンは、独ソ条約で、ツァーリ時代の旧領回復をねらったのです。現在は、モルドヴァ共和国とウクライナ共和国に属しています。

二人の強盗の勢力圏分割協定

この秘密議定書は、驚くべき内容のものでした。

強国のあいだでの勢力圏分割の秘密条約は、第一次世界大戦に先行した時期にも、帝国主義者の世界では当たり前のこととしておこなわれてきましたが、二つの大国が、独立国家が六カ国も存在するこれだけの広大な地域を対象に、勢力圏の分割を図る秘密条約を結んだというのは、帝国主義時代の歴史にも先例を見ないものです。

この秘密条約に名前を列挙された国々は、それぞれさまざまな歴史を持っているものの、いずれも、第一次世界大戦後のヨーロッパで独立主権国家として認められ、ドイツもソ連も、あれこれの条約を結ぶなど、独立国としての付き合いをしてきた国々です。その国々を、二つの大国が、どちらの勢力圏に取り込むかについて、当のその国の政府や国民の意思を無視して極秘の取り決めをしたのですから、帝国主義、覇権主義の横暴はここに極まった、と言わなければなりません。

しかも、独ソの秘密条約は、戦争のあとでの敗戦国の領土の分配を約束しあったものではなく、近い将来、この地域に「領土的、政治的再配列」の時期が来るとこれまた勝手に断定して、そこでの勢力圏の分割を取り決めたのです。これも、この秘密議定書の異常さをさらに際立たせるものでした。

その後の実際の経過を見ても、ドイツによるポーランド西部の併合とソ連によるフィンランドの一部領土の割譲は、侵略戦争によって獲得したものですが、ポーランドの東部、バルト三国、ルーマニア領ベッサラビアのソ連による併合は、公然たる戦争ではなく、独ソの合意を背景にした外交的・軍事的圧力によって獲得したものでした。

実質の内容からいえば、秘密議定書は、不可侵条約の補足でも「追加」でもなく、本条約で決められた独ソの新しい政治関係の本質的内容――二つの覇権主義国家、凶悪で貪欲な二人の強盗の政治同盟という性格を、端的に表現したものだったのです。

そして二つの国家の政治同盟の本体が〝秘密条約〟という形式をとったのも、重要なことでした。

「秘密条約」外交の復活――十月革命の成果の真っ向からの否定

レーニンは、第一次世界大戦に直面した時、それぞれの戦争当事国の帝国主義的・侵略的野望をもっとも深刻に表現しているのが、諸大国が獲物の分け前を取り決めた秘密条約の網にあることを徹底的に暴露し、追及しました。

そして、「祖国擁護」とか「民主主義的講和」とかの甘い言葉を振りまきながら、戦争の真の性格を規定している自国政府の秘密条約を暴露しないでいる「社会主義者」たち（第二インタナショナルなどの）を、「社会主義にたいして完全な裏切りをおこなっているもの」だとして痛烈な非難をあびせたのでした。

「現在の戦争でなにがおこっているかを見たまえ。……実際には、これらの政府は、相互の秘密条約、すなわち、自分の同盟国との秘密条約や、同盟国を目標とした秘密条約の網にがんじがらめにしばられているのだが、そのばあい、これらの条約の内容は、偶然のものではなく、単なる『悪意』によって規定されているものではなく、帝国主義的対外政策の経過と発展全体に依存しているからである。一般にけっこうな事がら（祖国擁護、民主主義的講和）についての月並文句で労働者の目と頭をふさぎながら、外国の略奪にかんする自国政府の秘密条約を暴露しない『社会主義者』、そのような『社会主義者』は、社会主義にたいして完全な裏切りをおこなっているものである」（レーニン「単独講和について」一九一六年一一月、全集㉓一三六～一三七ページ）。

一九一七年の十月革命で革命的社会主義の権力がロシアに打ち立てられた時、新しい権力が外交面でまずおこなった最初の革命的措置が、ツァーリズムが結んだ秘密条約の公表でした。その措置は、帝国主義の世界全体を震撼させせました。

一七年一一月二二日、ソビエト政府は、ロシア・ツァーリズムが各国と結んでいた秘密条約を公表し、この戦争の目的が「祖国擁護」などではなく、これらの秘密条約で取り決められた領土の獲得と他国の併合にあったことを、事実をもって明らかにしたのです。ソビエト政府を代表して、秘密条約を公表したトロツキーは、「秘密外交の廃止は、公正で人々に受け入れられる真に民主的な外交政策の第一条件」であると宣言しました。

ロシアの革命政府が発表した秘密条約は、第一次世界大戦に参加した諸国が互いに結びあっていた「秘密条約の網」の一部でしかありませんでしたが、その一部にせよ、諸国民を戦争に駆り立てた真相が具体的に暴かれたことは、戦いあっている二つの帝国主義ブロックや、戦争の圏外にはあったが連合国（フランス、イギリス、ロシアなど）側を支援する立場をとっていたアメリカに大きな影響を与えました。

アメリカの歴史家A・J・メイアは、その著作『ウィルソン対レーニン』（一九五九年、日本語訳・岩波現代選書I、II　一九八三年）の中で、秘密条約を公表したソビエト政府の外交行動が、同政府の「領土併合反対」、「民族自決権確立」のよびかけに重なって、イギリスやフランスの戦争目的改定運動を励まし、またアメリカの大統領ウィルソンが発表した一四原則にも深い影響を与えたことを、戦時・戦後の国際政治史の綿密な追跡を通じて、明らかにしています。

メイアによると、ウィルソンを支持する週刊誌『ニュー・リパブリック』（一九一八年一月一二日号）は、ボリシェビキ政府が「交戦諸国の戦争目的を広い範囲にわたって照らし出し」てようやく、連合国側は戦争目的の明確化に乗り出した、と書いたとのことです（同書Ⅱ二二四ページ）。

メイアはまた、「秘密条約」の網をもって進められた外交を、「旧外交」、「一九世紀的外交」と呼び、それを打ち破る役割をになったのが、ボリシェビキのロシアとウィルソンのアメリカだったと評価しています。

「十九世紀的外交の持った雰囲気、手続き、それに目的の継続性は、世界政治に新しく登場した二つの要素――ボリシェヴィキのロシアとウィルソンのアメリカ――によって、全面的につき崩されようとしていた」（同前、七二ページ）。

まさに、ここには、非社会主義的な研究者も認めざるを得ない、ソビエト政権の登場が世界政治と国際外交におよぼした変革的な影響があり、それは世界史的意義をもつものでした。世界の目からも自国の国民の目からも隠された秘密条約で、各国の外交が方向づけられ、戦争か平和かの命運が決せられる、これが一九世紀的外交の支配的な姿でした。こうした秘密条約外交を、ソビエト政権は、事実上葬り去ったのでした。

ところが、スターリンは、二二年前、レーニンが指導した時代に、ソビエト政権によって終止符が打たれた「秘密条約」外交を、もっとも邪悪な帝国主義者であるヒトラー・ドイツとのあいだで復活させ、多くの他国民の運命を二つの強国が意のままに料理するという邪悪な内容をその秘密条約に盛り込んだのです。それは、まさしくロシア十月革命が国際政治に刻み込んだ最大の成果を真っ向から否定したものでした。

私は、「大テロル」を総括的に論じた章（第七章）で、スターリンは、社会主義・共産主義とも革命とも無縁な人物に変質したとのべましたが、ヒトラー・ドイツとの秘密条約の締結は、その変質の実態を、まぎれもない形でさらけだしたのです。

ヒトラーとの条約締結はスターリンの独断だった

これから、独ソ条約締結後、この条項がどのようにして実行に移されたかに入りますが、そこに進む前に、条約締結に関連する二つの問題を補足しておきたい、と思います。一つは、この秘密条約締結の過程が、「大テロル」以後のソ連の政治体制の特質を明らかにしているという問題、もう一つは、独ソの提携が日本の政治に与えた衝撃という問題です。

フルシチョフは、その『回想録』（一九七〇年、邦訳・タイム・ライフ・インターナショナル　一九七二年）［補注参照］の中で、独ソ不可侵条約の締結前後の状況を、次のように語っています。

「私はリッベントロップの到着をその前日［八月二二日］にはじめて耳にした。土曜日にスターリンの別荘に行って、リッベントロップが翌日飛来することを知らされたのだ。スターリンは笑って、このニュースが私にどんな印象を与えるかじっと観察した。最初私は唖然とした。スターリンがからかっているのだと思って、彼を見返し、それからこういった。『リッベントロップがどうしてわれわれに会いたがるんですか。彼はわれわれの側に逃亡してくるのですか。それとも――。』

『いや、そうじゃない』とスターリンがいった。『ヒトラーがわれわれにメッセージを送ってこういっている。「スターリン殿、どうかわが大臣、リッベントロップを謁見してください。彼はいくつかの具体的提案をたずさえています」と。われわれは明日彼に会うことに同意したのだ。』

私がスターリンに、自分とブルガーニン［人民委員会議長］とマレンコフ［党書記局員、のちに首相］は、明日、ウォロシロフの狩猟地で狩をする計画をしてしまったというと、スターリンは、『そのまま行きたまえ、明日ここでは、君らは何もすることはない。モロトフと私がリッベントロップに会って、彼のいうことを聞いてみよう。狩から帰ってきたら、ヒトラーが何を考えているか、われわれとリッベントロップの会談の結果がどうなったかを知らせてやろう』といった。

その夜、ブルガーニンとマレンコフと私はザヴィドワの狩猟地に向けてたった。われわれが着いたとき、すでにウォロシロフは来ていたから、彼はスターリンとモロトフがリッベントロップと行なった会談に顔を出していたわけがない。狩猟地には、それ以外に数人の元帥や将軍もおり、われわれは一緒に狩に出た。すばらしい日和だった。気候は温暖で、狩は大成功だった。とくに私にとって大成功だった。間違えないでいただきたい。私は狩猟家としての腕前を自慢するような男ではない。だがその日私は、ウォロシロフよりも一羽多くの鴨を仕止めることができた。こういうことを述べるのは、新聞がすでにウォロシロフをわが国のナンバーワンの射手だとでっちあげはじめていたからだ」（一二五ページ）［★］。

★　フルシチョフの『回想録』には、かなりいい加減なところがあちこちにあって、そのまま事実資料として扱うことをためらわれる場合がしばしばあります〔補注参照〕。この話でも、彼がスターリンの別荘を訪ねたのは、リッベントロップのモスクワ訪問の前日で、土曜日だった、とありますが、リッベントロップの訪問は八月二三日の水曜日でした。どうも狩猟の日を日曜日としたことから、こういう食い違いが起こったのだと思います。しかし、発表された最後の『回想録』（『封印されていた証言』一九九〇年、邦訳・草思社　九一年）でも、曜日は抜いて、狩猟の前日にスターリンの別荘でドイツ外相が翌日訪問することを聞いたという話は出てきますから、その範囲では、フルシチョフ証言には確実性があると判定して、紹介しました。

この回想からは、いろいろなことが分かります。

この回想を語るフルシチョフも、彼を狩に誘ったウォロシロフも、その年三月の第一八回党大会で選出された政治局員（総勢九人）のメンバーです。しかし、そのフルシチョフが、前日スターリンから話を聞くまで、リッベントロップの訪問についてまったく知らなかったし、訪問を知らされたら、「逃亡か」と見当違いの反問をしたというのです。つまり、前年の一二月以来続けられてきたドイツとの交渉について、まったく知らされてもいなかったし、その気配に気がついてもいなかった、ということです。

ウォロシロフにいたっては、フルシチョフのような政治局員の新参組とは違って、一九二五年の第一四回党大会以来の政治局員で、ディミトロフのこの当時の『日記』に政治局の〝五人組〟（本巻一七六ページ参照）としてしばしば出てくる、スターリン側近の重要人物の一人のはずです。しかも、独ソ提携にいたる外交作戦では、一方の英仏代表団と軍事会談の団長という役目を担わされた人物です。そして、彼がスターリンの手引書を守って、その役目をうまくやりとげたことは、前章で詳しく紹介したことです（本巻二三六〜二四二ページ）。ところが、そのウォロシロフも、独ソ交渉については、フルシチョフ同様に、まったく知らされていなかったのでした。英仏代表との軍事会談に臨み、八月二一日の会談最後の日まで、スターリンの振り付け通りの役を演じながら、そのことが持つ意味はわからないままやっていたというわけです。

さらに、「そのまま行きたまえ、明日ここでは、君らは何もすることはない」というスターリンのセリフです。ソ連の国策を一八〇度転換させる大事件であっても、政治局に事前に相談することは何もない、あとで結果を知らせればよい、ということです。そう言われたフルシチョフの方も、国家の大事件より予定通り狩猟に行ける方がうれしくて、『回想録』でも、狩猟の自慢話が続きます。国の大政策はスターリン任せ、自分たちが口を出す問題ではない、という態度がありありと浮き出ています。

「大テロル」を経てスターリンの専制体制が確立したもとでは、政治局というものは、これほど軽い存在になっていました。

どんな大問題でも、党と政府の正規の機関に事前に相談することなく、スターリン個人で決定し執行する、こういう個人専制の政治体制を、スターリンは「大テロル」を通じて完全に確立したのでした。この体制のもとでは、どんな幹部も、与えられた部署で、与えられた事柄を執行するだけで、それ以外の部分には口を出すことはもちろん、関心をもつことさえなくなるのです。先ほど、ウォロシロフの対英仏交渉の場合について述べましたが、おそらく政府首班として対独交渉にあたったモロトフにしても、スターリンがこの交渉をどこまで進めるつもりなのか、その真意は完全には知らないままで、ことにあたっていたと思います。

リッベントロップは、明らかに、相当な広範囲について自分で決定できる全権をヒトラーから与えられてモスクワにやってきましたが、スターリンは、腹心のモロトフにさえ、そういう全権を与えたことはありませんでした。どんな場合でも、最終決定者は、スターリンただ一人、これが、スターリンが一九三〇年代にソ連につくりあげた専制政治体制の異常な特質でした。

なお、フルシチョフの『回想録』では、日曜日の夜、フルシチョフらが狩猟の獲物をもってスターリンのところに行って、夕食をともにしながら会談の結果を聞いたという話が続きますが、曜日の問題は別としても、リッベントロップとの会談は、二四日まで続いたのですから、この話には客観性がありません［★］。

★ この点は、一九九〇年に発表された『封印されていた証言』（本巻二七六ページ前出）では、二四日の午前三時にスターリンに会ったことに書き換えられ、「スターリンは、このときモスクワにいた全政治局員の集まりを持つことにしていた」（同書八七ページ）ことが付け加えられています。

［補注］フルシチョフの『回想録』について

ソ連の党第一書記であり首相だったフルシチョフの回想録は、これまでに三回発表されています。『フルシチョフ回想録』（一九七〇年、邦訳・タイム・ライフ・インターナショナル　一九七二年）、『フルシチョフ　最後の遺言』（一九七四年、邦訳・河出書房新社　一九七五年　上下二冊）、『フルシチョフ　封印されていた証言』（一九九〇年、邦訳・草思社　一九九一年）です。

最初の『回想録』が出た時には、その出所が本当にフルシチョフ自身の回想であるかどうかについて、疑義が出ましたが、現在では、その疑義は解消され、フルシチョフが口述したテープから編集されていることは証明されています。

ただ、この『回想録』をスターリンを研究する歴史の資料として利用する場合には、注意すべきことがたいへん多いと思います。

一つは、部下を独特の厳格な分業体制においたスターリン体制のもとで、フルシチョフが担当した分野はたいへん限られていましたから、スターリン時代についての彼の記述の中には、フルシチョフが自分で体験したり目撃したりしたことだけでなく、他の同志からの伝聞や、彼の推測に属する部分がかなり大きいことです。

さらに、フルシチョフの『回想録』には、その記述を資料的に確かめる作業が欠落しています。先ほど示した、独ソ会談についての日時的な矛盾などは、多少の点検努力をすればすぐわかるはずのものですが、記憶の客観性を保証する点検と確認がまったくやられていないのです。

また、『回想録』を読んでゆくと、彼が自己顕示欲の非常に強い人物であることがよくわかります。いわゆる「大祖国戦争」中のスターリンの軍事面での無能ぶりを示すという数々のエピソードにしても、そのほとんどが〝その時おれはこうやった〟という自慢話と結びついています。これでは、「回想」の歴史資料としての客観性は、保証されません。

最後に、フルシチョフ自身が、スターリンの大国主義、覇権主義の後継者ですから、その分野でのスターリン批判は、まったく見られません。これは、党大会での彼のスターリン批判の最大の否定的な特徴の一つでしたが、『回想録』にもその特徴がそのまま引き継がれています。一時期、ソ連の党と政権を担ってきた立場から、ソ連にとって具合の悪い問題は最後まで「封印」されているのです。

日本への衝撃――「欧州の天地は複雑怪奇」

一九三九年八月二三日、ソ連がヒトラー・ドイツと不可侵条約を結んだというニュースは、世界に衝撃を与えました。なかでも、もっとも大きな衝撃を受けたのは、日本でした。

日本では、一九三八年の初めごろから、三七年一一月に成立した日独伊防共協定を対ソ軍事同盟に強化しようという動きが、軍部を中心に強まっていました。長期化した日中戦争打開の道を、中国支援の立場を明確にした対ソ戦への方向に求めようという思惑がその根底にありました。

防共協定の軍事同盟化という動きは、もともとはドイツから打診を受けたことをきっかけに強まったものでした。しかし、同じように軍事同盟化といっても、日本とドイツとのあいだには、戦略構想に大きな違いがありました。日本は、防共協定はもともと世界の共産主義運動に敵対する条約であり、この運動の本拠はソ連にあるのだから、これを強化するとしたら対ソ連の軍事同盟をめざすのが当然だという構想でした。ところが、ドイツの方は、西側諸国、なかでもイギリスへの圧力強化を最大の眼目にしており、ドイツがイギリスとの戦争を開始した時に、日本が参戦するか、少なくとも軍事的支援の立場に立つことを求めて、防共協定の軍事同盟化を狙ったのです。だから、三八年に始まった交渉は最初から大きな食い違いを含んだまま続けられました。

日本の軍部の中でも、対ソ戦の準備にいちばん熱をあげていたのは、関東軍でした。〝満州〟（中国の東北部）を支配した関東軍は、次の攻撃目標はソ連だと見定めて、一九三九年、モンゴルとの国境地域で、大規模な軍事作戦を計画しはじめたのです。その焦点となったのは、ノモンハン地域でした。この地域は大草原で国境線も明白ではなく、〝満州国〟側、つまり日本側の主張とモンゴル側の主張が大きく違っている個所がいくらもあり、国境紛争を引き起こそうとすればいつでもその理由はつくりあげられる、という状態にありました。

日本の参謀本部としては、まだソ連と本格的な戦争を構える決意も体制もなく、多少の国境紛争は無視するように現地関東軍に指示していました。しかし、その指示を受けたのは、一九三一年には勝手に戦争を起こして、全〝満州〟を制圧し、植民地国家〝満州国〟をでっち上げた実績を持ち、勢いに乗っている関東軍です。〝満州〟を短期間に占領できたのは、第八章で見たように、国民党政権が日本との戦争を回避する宥和・降伏政策を取った中での成果だったのですが、関東軍にはそこまでの洞察はなく、そこから自分の軍事的実力についての過大評価をひきだしており、そのことも、冒険的な軍事作戦に拍車をかけました。

こういう状況のもと、三九年五月、モンゴル軍「越境」の報を受けると、関東軍は、これを一挙に撃滅せよと部隊を出動させました。ところが、撃滅どころか、ソ連・モンゴル軍の戦車と砲兵の部隊に包囲され、主力全滅という大損害を受けて後退したのです。これが第一次ノモンハン戦でした（三九年五月一一日〜同月三一日）。

関東軍は、この敗北を取り戻そうと、今度は一万五〇〇〇の大兵力を集結し、七月一日〜六日、ハルハ川周辺で大攻勢を展開します。ところが、ソ連・モンゴル軍は、戦車部隊の数でも火力の規模でもさらに優勢な兵力を配置しており、第二次攻勢（同年六月二七日〜七月二六日）も大きな失敗に終わりました。

関東軍は、それでも懲りず、三九年八月には、より大きな兵力を集結して第三次攻勢を進めようとしました。こうして局地的な衝突が関東軍の総力を挙げた大戦争に転化してしまったのです。しかし、ソ連・モンゴル軍は関東軍の予想をはるかに超える大兵力をもって、逆に日本軍に大規模な攻勢をかけ、今度も、結果は関東軍の悲劇的な惨敗に終わりました。

ノモンハンでのこの敗戦の最中に、独ソ不可侵条約締結の報が日本にもたらされたのです。対ソ戦計画に熱中し、その立場からドイツとの軍事同盟をすすめようとした軍部には、そのドイツがソ連と手を組むとは夢にも考えられなかったことでした。この衝撃のなか、ノモンハン事件は、局地的な「事件」として収束の措置をとらざるを得なくなりました。

しかし、ことはそれだけではすみませんでした。独ソ条約の締結は、ドイツとの軍事同盟を国家目標として追求してきた日本政府にとっても、それこそ天地がひっくり返ったような大衝撃をもたらしたのです。ドイツとの軍事同盟交渉は、三九年一月の政権交代で、近衛《このえ》文麿《ふみまろ》内閣から平沼騏一郎《きいちろう》内閣に引き継がれていましたが、この報を受けた平沼首相は、八月二八日、「欧州の天地は複雑怪奇な新情勢を呈した」という声明を残して内閣総辞職の挙に出ました。この条約が世界に及ぼした波紋は大きかったとはいえ、「国際情勢」の変転が自分の理解を超えていることを告白し、それを理由に首相の地位を投げだしたという政府は、日本の平沼内閣以外にはありません。外交を軍部主導に任せてきた日本の政治の弱点を、天下にさらけ出した一幕だったと言わなければならないでしょう。とくにソ連との関係での日本外交の読みの浅さは、その後も国際政治の重大な局面で何度もくりかえされることになります。

三、ポーランドの分割から抹殺へ

ドイツ側、赤軍の出動へ矢の催促

ドイツは、独ソ不可侵条約の調印から九日後の九月一日早朝、宣戦の予告もなしにポーランド攻撃を開始しました。九月三日、イギリスとフランスは、ポーランドに対する保障義務をまもって参戦、第二次世界大戦が現実のものとなりました。

そのなかで、独ソ間で結んだ秘密議定書の諸条項、とくにポーランドを東西に分割する条項を実施する局面がいよいよ始まりました。

この分割は、ドイツの側からは、ポーランドに戦争をしかけて武力でポーランドの西部を占領することで実現されます。公然たる侵略戦争ですから、戦争行為以外に特別の仕掛けは要りません。

ところが、ソ連の側は、ポーランドに戦争をしかけて武力で自分の取り分の地域を占領するということではないのです。ドイツ＝ポーランド戦争の機会に、ドイツとの約束を根拠にポーランドの東部を手に入れようという筋書きです。しかも、ドイツとの約束自体は双方が認めた「極秘」事項でした。そういうなかで、この筋書きを、国際的に〝大義名分〟が立つ形で実行してゆくためには、いろいろな仕掛けが必要になります。しかし、秘密条約は結んでも、その仕掛けを準備するところまでは事前の知恵がまわらなかったようで、ポーランド戦争開始以後の独ソ交渉には、そこからの矛盾がさまざまな形で顔を出しました。

まず、ドイツ軍のいわゆる電撃戦が成功し、西からポーランド軍を撃破して前進する速度があまりにも速かったことから問題が起こりました。

九月四日、ドイツ外務省から駐ソ独大使シューレンブルクのところへ、次の極秘電報が来たのです（ベルリン発信九月三日午後六時五〇分、モスクワ受信九月四日午前〇時三〇分）。

「われわれは二、三週間以内にポーランド軍を決定的に敗北させることを確言する。その時はわれわれはモスクワでドイツの勢力圏として設定された地域を軍事占領下におくこととなる。しかし軍事上の理由から、われわれは、ソ連の勢力圏に属する地域にその時残っているポーランド軍に対し、さらに行動を進めなければならない。

この点につきすぐモロトフと会って、ソ連が、ロシアの勢力圏にいるポーランド軍に対し、適当な時期にロシア軍を動かし、その地域をロシア側で占領することを、望ましいと考えているかどうか、協議されたい。われわれの考えとしては、これはわれわれへの激励となるのみならず、モスクワ協定の意味からもソ連の利益になると思う。

これに関連し、われわれがただいま当地に到着した士官たち［★］とこの問題を協議してもよいかどうか、またソ連政府が彼らにどんな任務を与えているのか、決定してもらいたい」。

★　**当地に到着した士官たち**　条約締結後、ソ連がベルリンに派遣した駐在武官のこと。

つまり、秘密議定書で決めた境界線まで、ドイツ軍はあと二、三週間で到着するから、ソ連はそれに間に合うようにソ連軍を出動させてほしいし、この点についてモロトフからソ連側の計画を聞いてほしい、という連絡です。

ところが、ソ連の方は、ドイツ軍の進撃がそんなに速いとは思わず、ポーランド東部を占領するための軍隊の動員や配置にまだ手がついていなかったのです。英仏との会談の席では、シャポシニコフ参謀総長が、ソ連軍が差し迫ったポーランド戦に万全の態勢をとっているかのような報告をしましたが（本巻二四〇～二四一ページ）、これはイギリスやフランスを煙に巻くための紙の上の話で、実情は無準備に近いものでした。

モロトフは、九月五日、シューレンブルクを呼んで、次のような政治的回答をしました。

「われわれが適当な時期に、具体的行動を開始することが絶対に必要だということは、あなたと同意見である。しかし、われわれはまだその時期が来ていないと考える。われわれは過誤を起こさないとは言えない。というのはあまり急ぎすぎてわれわれの目的を傷つけ、かえって敵側の団結を促進させる結果になるということがありうるからである。

作戦が進むにつれて、一方または双方が一時的に両国の勢力圏の境界線を突破せざるを得ないことになるかも知れない。しかしそういうことがあっても、採用された計画を断固実施することを妨げてはならないことを承知している」。

しかし、これは苦しまぎれの回答でした。その後も催促が続くので、モロトフは、九月一〇日の大使との会談で、「ソ連政府はドイツ軍の成功が予想を超えて速いので完全に驚かされた」と語り、赤軍はいま動員中だが、準備期間がまだかかると、実情を話しています。

結局、ソ連軍が国境を突破して、ポーランド東部の占領作戦に入ったのは、九月一七日、ドイツからの最初の催促（九月四日）を受けてから、ほぼ二週間後のことでした。

赤軍の進撃にどんな「名分」をつけるか

次の問題は、赤軍のポーランド領への進撃と東半分の占領を、どういう口実で正当化するかという「名分」の問題です。これも、この間の独ソ交渉で大きな問題になりました。

ソ連側は、最初の段階では、「ポーランドが崩壊しつつあるので、ドイツによって〝脅威〟を受けているウクライナ人やベルロシア人の救援に赴くための軍隊が出動する」という案をたてたと話しました（九月一〇日、モロトフ）。しかし、ソ連軍の出動を、ドイツ軍の脅威から住民を守るためということで正当化するのは、あまりにも、勝手な言い分でした。これを聞いたシューレンブルクは、「これはソ連の行動を、大衆にもっともらしく見せ、同時に侵略者の印象を避けるためのものだった」という注釈つきで、ベルリンに報告しています。

その報告を読んだリッベントロップは、すでに解決しているはずだがとの注釈付きで、〝われわれの勢力圏は決まっているのだから、ポーランド東部に住むウクライナ人などへの脅威をうんぬんするのは、ドイツの真の意図に反し、モスクワ協定にも反し、両国が互いに敵視し合っていることを全世界に示すことだ〟といういうきびしい抗議の意見を大使あてに送って、モロトフに通告することを求めています（九月一六日）。

九月一六日、モロトフが大使に通告したのは、ドイツの脅威を第三国の脅威に変えるだけの案でした。

しかし、九月一七日午前二時、大使はあらためてスターリンから招かれます（モロトフ、ウォロシロフ同席）。スターリンは、そこで、四時間後の午前六時に赤軍が全線にわたって国境を突破すると言明、そのさい発表する文書の草案を大使に示しました。大使は、このことについて、外務省への報告で次のように書いています。

「スターリンは、今夜ポーランド大使に手交されるべき文書を私に読んで聞かせたが、その写しは今日中に外交団に送付されるはずである。この文書には、ソ連の行動の正当化の問題が含まれている。私が読んで聞かされた草案には、われわれとして受諾できない点が三カ所あった。私の反対に答えて、テキストをすぐ訂正したので、文書はいまではわれわれにとって満足できるものとなったと思う」。

結局、この文書問題の解決でも、最後はスターリンがのり出したのです。リッベントロップの抗議的な意見が伝えられたことも、重要な要因となったと推測されます。

私は、この時ソ連政府がポーランド大使に手交した文書そのものは見ていませんが、ポーランドへの進撃のその日に、モロトフはラジオ放送で、ポーランド介入の意義について報告しました。そこには、おそらく外交文書よりもさらに詳しく、スターリンが四苦八苦してつくりあげた干渉正当化論の到達点が説明されていたはずですので、その要点を紹介しておきます。

（1）ドイツ＝ポーランド戦争によってひきおこされた諸事件は、ポーランド国家の内部的脆弱さと明白な無能力とをさらけ出し、ポーランド支配階級は破産した。ポーランド国家とその政府は事実上存在を停止した。この事態によって、ソ連とポーランドの間で締結された諸条約はその効力を失った。

（2）ポーランドでは、ソビエト政府として、自国の安全に関し特別の配慮を必要とする状態がつくりだされた。ポーランドは、ソ連の脅威となりうるあらゆる偶然的な、予想外の出来事がいつ起こるかもしれない場所となった。ソビエト政府は最近まで中立を維持してきたが、現在の事態に対してもはや中立的態度をとっていることはできない。

（3）ソビエト政府としては、ポーランド在住の同胞、ウクライナ人およびベルロシア人の運命にたいして冷淡な態度をとるわけにはゆかない。ソビエト政府は、ポーランドに在住する兄弟たち——ウクライナ人およびベルロシア人に救援の手を差し伸べることを自分の神聖な義務と考えている。

(4) これらすべてを考慮して、ソビエト政府は今朝モスクワ駐在ポーランド大使に覚書を手交し、ソビエト政府は、赤軍総司令部に、軍隊を越境させて西部ウクライナおよび西部ベルロシア住民の生命財産を保護させるよう命令を与えたことを、声明した。

(5) ソビエト政府はまたその覚書の中で、同時にその愚かな指導者たちによって投げこまれた不幸な戦争からポーランド国民を救いだし、彼らに平和な生活を営む可能性を与えるために、あらゆる手段をとる意図をもっていることを、声明した。

声明の内容はスターリンも知恵をしぼったものだったのでしょうが、ドイツの苦情をうけて、〝ウクライナ人とベルロシア人をドイツあるいは第三国の「脅威」から救い出す〟という緊急の必要性が外されてしまうと、結局は、ドイツの攻撃でポーランド政府が崩壊したから、政治的空白をうめるために、ソ連軍も出撃するというだけの話になります。なぜ、進撃中のドイツ軍がポーランドの東部まで攻めてこないでそこをソ連軍にまかせるのか、両方の軍隊の占領地域の境界線をどうするのか、ドイツとソ連とのあいだに事前の話し合いがなければなりたたない理屈をならべた声明でした。

しかも、ソ連政府が「ポーランド国家とその政府は事実上存在を停止した」というこの声明を発表した九月一七日は、現実には、ポーランドの首都ワルシャワで、侵攻するドイツ軍にたいし、ワルシャワ市民から成る民間防衛隊が抵抗して必死の防衛戦を展開している最中でした。スターリンは、ワルシャワはすでに陥落というドイツ側の情報をうのみにして、ワルシャワ防衛戦のただなかに、ポーランドに背後からの攻撃をくわえたのです。しかし、〝国家と政府が事実上存在を停止した〟というソ連政府の発表にもかかわらず、ワルシャワでの戦闘が完全に終結し、ワルシャワ放送が抵抗の訴えに代わる葬送曲を流したのは、ソ連軍の侵入開始の一一日後、九月二八日のことでした。

こうして、スターリンは、ポーランドの分割という秘密議定書の取り決めを、ともかく実行に移し、待望のポーランド東部を手に入れたのでした。

新しい境界条約。ポーランドの国家的抹殺へ

双方の軍事作戦がすむと、次は、その〝既成事実〟に立って、ソ連とドイツの勢力圏の境界を条約で画定することが問題になります。これは、内容的には、八月二三日の秘密議定書で取り決めた境界線を、今度は公式の条約で再確認するということですむはずでした。ところが、スターリンは欲を出して、二つの点で、秘密議定書の内容を改定したいという要求を持ちだしました。

第一は、ポーランド国家の廃止という問題です。八月の取り決めは、ポーランドに対する両国の勢力圏を決めただけで、ポーランド国家の存在そのものは認めるという立場でした。それを変更して、ポーランド国家を廃止し、東部はソ連の領土、西部はドイツの領土に併合してしまおうということで

す。これは、ドイツの側ではなく、スターリンの提案によるものでした。

まず、九月二〇日に、モロトフからドイツ側に申し入れたうえ、九月二五日、スターリンがドイツ大使を呼んで、かさねて強調したのです。なぜポーランド国家を廃止するのか、スターリンの理由づけは、次のようなものでした。

「ポーランド問題の最終的決定にあたっては、将来、ドイツとソ連との間に摩擦を生じるようなことは一切避けなければならない。この見地から、ポーランドの抜け殻国家を残しておくことは間違いである」。

ポーランドの独立は、一九世紀のヨーロッパの民主主義運動と社会主義運動が共通の大目的として一貫して追求してきた問題で、第一次世界大戦後、ようやく実現したものでした。その独立国家ポーランドの抹殺を、スターリンは、いとも無造作なやり方で、ヒトラーに提案したのです。

これは、前年のポーランド共産党の解散をさらに上回る暴挙で、ポーランドの国家的存在そのものに対するスターリンの敵意をむきだしにしたものでした。スターリンのこの異常な敵意の根拠として、一九二〇年のポーランド戦争の際のスターリンの不始末［★］など、スターリンの経歴上の特殊事情を指摘する議論もあります。

★ ポーランド戦争時の不始末　一九二〇年のポーランド戦争は、ポーランドの国家主席ピルスズキーがウクライナ獲得を狙って引き起こした戦争でした。赤軍はこれに反撃してポーランド軍を国境外に撃退しましたが、勢いに乗った赤軍は、国境を越えてポーランドに軍をすすめ、首都ワルシャワ周辺にまで迫りました。その背景には、これをヨーロッパ革命の転機にしようという政治的思惑があったのです。しかし、赤軍はワルシャワ前面で逆転的な敗北をこうむり、大後退を余儀なくされました。この時の指揮官がトハチェフスキーでした。

スターリンの不始末とは、このワルシャワ会戦の際の出来事です。スターリンは当時南西方面軍の政治委員をしていました。レーニンはそのスターリンに南西戦線から北上してワルシャワ戦に参加することを指令したのですが、スターリンはそれを拒否したのでした。この件でスターリンは規律違反の罪を問われ、党の査問委員会で「譴責《けんせき》」の処分を受けました。

しかし、私は、ここでもっとも大きな役割を果たしたのは、スターリンがツァーリズム・ロシアから受け継いだ大ロシア覇権主義の怨念《おんねん》だと考えます。ポーランドは、歴史的に、ロシアの西方への領土拡張欲の前に立ちふさがった最大の障壁であり、一八世紀後半に、ロシア、プロイセン、オーストリアの三国共同作戦でポーランド国家を消滅させた［★］後にも、ポーランド解放の運動は、ヨーロッパや世界の民主主義運動と社会主義運動の広範な共感をかちとりつつ、ロシア覇権主義の前に立ちふさがってきました。インタナショナルが、最初の大会・ジュネーブ大会（一八六六年）で初めて「民族自決権」擁護の旗を掲げたのも、ポーランドの民族解放運動に対してでした。

★　**一八世紀後半のポーランド分割**　一七七二年の第一次分割、一七九三年の第二次分割、一七九五年の第三次分割で、ポーランドは完全に分割されて消滅しました。

この分割の結果、ロシアは旧ポーランドの六二％の領土と四五％の人口を、プロイセンは二〇％の領土と二三％の人口を、オーストリアは一八％の領土と三二％の人口を、それぞれ支配することになりました。

ところが、スターリンは、覇権主義的な勢力圏拡張の道に踏み出すに当たって、ポーランド国家の抹殺という、かつてのツァーリズム・ロシアと同じ道に踏み出す決断をしたのです。おそらくこれは早くからスターリンが胸のうちに温めてきた構想だったのでしょう。前年におこなわれたポーランド共産党の解散という非常措置も、ポーランド国家消滅への前段的な措置と位置づければ、その意味をよく理解することができます。

ポーランド国家の抹殺というスターリンの提案は、ドイツの側にも、異論はないものでした。こうして、一八世紀後半にプロイセン、ロシア、オーストリアの三列強の間でおこなわれたポーランド分割劇が、二〇世紀三〇年代にスターリンとヒトラーとの間で再現したのです。

第二は、スターリンがバルト三国全体の支配を要求したことです。八月の秘密議定書では、バルト三国のうち、リトアニアだけはドイツの勢力圏とされました。しかし、バルト海全域の支配をねらうスターリンは、新条約締結の機会に、リトアニアも自分の支配下に組み込もうと考えたのです。この要求は、スターリンがドイツ大使を呼んだ九月二五日に、スターリン自身から持ち出されました。リトアニアをソ連に譲るなら、その代償として、ポーランド分割の東西の境界線を引き直し、リトアニアに匹敵する領土をドイツに提供するという提案でした。

九月二七日、ドイツ外相リッベントロップが再びモスクワに飛び、二七日～二八日の会談で、ドイツ側はソ連側の二つの要求を受け入れ、新しい条約「独ソ境界ならびに友好条約」が締結されました。

ポーランド分割の境界線は、八月の秘密議定書では、「独ソの勢力圏の境界線」と呼ばれていましたが、新条約では、「旧ポーランド国家における両国それぞれの国家的利害の境界線」と規定されました（第一条、第二条）。また、旧ポーランド国家の統治機構については、第三条で、ドイツとソ連がそれぞれ分割された両地域の「行政機関の再組織」を実施するとしました。これによって、ポーランド国家の消滅と東西各地域の独ソ両国への併合が、条約上も明確にされることになりました。

リトアニアのソ連勢力圏への編入とそれに対応するポーランド分割線の変更は、新しい秘密補足議定書で規定されました。

この会談では、もう一つ、ポーランド問題についての「秘密補足議定書」が結ばれました。その全文は、次の通りです。

「下記に署名せる全権委員は『独ソ境界ならびに友好条約』の締結にあたり、次の協定を宣言した。

両当事国はその領土内において、他方の領土に影響を与えるポーランド人の扇動を許さないこと。両当事国はこのような扇動行為を開始することをいっさい弾圧し、相互に目的達成に適当な方策に関して通知すること」。

これは、ポーランドの独立回復をめざす言論と運動に対する共同の弾圧協定です。ポーランドの民族独立運動を、ヒトラーとスターリンが共同で弾圧する、すなわち、双方の弾圧機関が相互に密接に情報を交換しながら徹底した弾圧をおこなうというのですから、〝スターリンよ、そこまでやるのか〟、と言わざるをえないような、ファシズムと専制主義の恐るべき共同ぶりでした。

しかも、この弾圧宣言は、紙の上だけの合意にとどまりませんでした。

一九四〇年三月、ドイツ占領地区のクラクフで、ドイツの親衛隊幹部とソ連のＮＫＶＤ幹部の合同会議が開かれ、ポーランド人に対する鎮圧作戦についての協議がおこなわれました。そして、その直後に、ソ連側でポーランド人の大量殺害作戦が展開されたのです。その三年後に暴露されて大きな国際的波紋を呼んだ〝カチンの森〟の虐殺は、このときに実行されたものでした。この問題の詳細は、後の章で見ることにします。

戦争責任をイギリス・フランスに押しつけた独ソ共同宣言

九月二八日の独ソ会談では、もう一つ、きわめて重大な意味を持つ宣言が発表されました。ドイツのポーランド侵略によって開始された世界大戦についての、「独ソ両政府宣言」です。その全文は、次の通りです。

「　独ソ両政府宣言

本日調印した条約によって、ドイツ政府およびソ連政府はポーランド国家の崩壊から起こった問題を決定的に解決し、東ヨーロッパにおける恒久平和の確固とした基礎を確立した。引き続き両国政府は、現在ドイツを一方とし、イギリスとフランスを他方とする戦争状態を終わらせることが、すべての国民の真の利益に寄与するものだという信念を双方で表明する。したがって両国政府は、その機会があれば他の友好諸国とも協力して、この目標のできるだけ早い達成をめざして共同の努力をおこなう。

しかし、両国政府の努力が実を結ばない場合には、それは、戦争の継続の責任はイギリス、フランスに属するという事実を示すものであり、そこで、戦争が継続する場合には、ドイツとソ連の政府は、必要な諸方策について相互に協議をおこなう。

モスクワ、一九三九年九月二八日

ドイツ政府を代表して　Ｊ・リッベントロップ

ソ連政府の権限によって　Ｖ・モロトフ」

要するに、ドイツとソ連がポーランドを分割したことで、戦争の原因となったポーランド問題はもう解決してしまったのだから、イギリスとフランスは、その現状を認めて戦争をやめるべきだ、それでも戦争を続けるというならば、戦争継続の責任はイギリスとフランスが負うことになるぞ、こういう共同声明です。

これがいかに横暴無法なものであるかは、ヒトラー・ドイツの過去の侵略行為に対して、ソ連自身がどういう態度をとったかを考えれば、すぐ明らかになることです。三八年二月、ドイツがオーストリアを併合した時、それを容認したイギリスやフランスの宥和政策を、ソ連はきびしく批判しました。同年九月、ミュンヘン協定でイギリスとフランスがドイツによるチェコスロバキア解体の開始を認めた時にも、ソ連はその譲歩政策に批判を加えました。

当のスターリン自身が、三九年三月の第一八回党大会では、ドイツのこれらの行為を「侵略国家」の「新しい帝国主義戦争」と規定したうえで、それを容認する「非侵略国家」、すなわちイギリスとフランスの態度を、きわめて強い言葉できびしく糾弾しました。

「新しい帝国主義戦争の特徴は、それがまだ全般的な世界戦争となっていない、という点にある。戦争をやっている侵略諸国家は、非侵略諸国家の利益、とくにイギリス、フランス、アメリカの利益を犠牲にしているのだが、非侵略諸国家は、侵略諸国家に一歩一歩と譲歩しながら後退している。

こうして、われわれの目の前で、何らの反撃も受けずに、またいくらかの黙認を受けさえしながら、非侵略諸国家を犠牲として、世界と勢力圏の公然たる分割がおこなわれている。

これは、ありそうもないことだが、事実である」。

その年の九月、ドイツがおこなったポーランド侵略は、オーストリアやチェコスロバキアの場合を大きく上回る、帝国主義的侵略戦争でした。これまで宥和政策をこととしてきたイギリスやフランスも、事態がここまで来ると、従来型の宥和政策をとることはできず、ポーランドとの条約上の義務をまもってドイツとの戦争に踏み切りました。ところが、今度は、ソ連の方が、これまでのイギリス、フランスの立場に身を移して、〝ポーランドの敗北でポーランド問題は解決された、それを既成事実として認め、その基礎の上にヨーロッパの平和を築くべきだ、それに背くものこそ、戦争の責任を負うべき戦争挑発者だ〟と、当のドイツと声をあわせて言いだしたのです。

オーストリアの併合、チェコスロバキアの解体の場合と、ポーランド侵略の場合とどこが違うのか。それらが、ファシズム・ドイツによる隣国の侵略だということは、共通の事実です。違うのは、ポーランドの場合には、ドイツの侵略の獲物の分け前にソ連もあずかった、すなわち、ソ連がこの侵略行為の共犯者となった、という事実だけです。そして、その立場から、ドイツとソ連は、〝ポーランド分割の既成事実をみとめて、戦争をやめることこそ平和の道だ〟という、新しい宥和政策を両政府の共同の声明で世界に呼びかけたのです。

一九三九年八月二三日の不可侵条約締結から九月二八日の独ソ両政府宣言にいたる一カ月の経緯は、「相互不可侵」という一見平和的な飾り文句をかかげて結ばれた独ソ提携の本質が、ドイツ・ファシズムの侵略を支持するヒトラーとスターリンの政治同盟だったことを、彼ら自身の行為と言葉そのもので、あますところなく明らかにしたのでした。

ドイツ・ファシズムの擁護論がソ連外交政策の根幹に

独ソ両政府のこの呼びかけは、イギリスによっても、フランスにとっても受け入れられませんでした。スターリンは、この事実から、戦争の性格が変わった、侵略諸国家と非侵略諸国家についての従来型の区別も古くさくなった、という結論を引き出し、ドイツとの提携政策をより大っぴらに推し進めはじめました。

この態度の転換をくっきりと定式化したのが、三九年一〇月三一日、ソ連最高会議でおこなわれたモロトフの報告です。

モロトフは、最近の国際情勢の重大な変化によって、「われわれがごく最近まで採用して多くの人々が使いなれた若干の古い定式がいまや明らかに時代遅れとなり、もはや採用することができなくなった」として、いくつかの重要な指摘をおこないました。

モロトフが捨て去るべきだとする第一は、「侵略」や「侵略者」についての古い概念です。

「いまやわれわれが、これらの概念を三、四カ月前までに用いられたような意味では用いることができなくなったことは、容易に想像されよう。今日ヨーロッパの諸列強に関する限り、ドイツは戦争の早期終結ならびに平和のために努力する国家の地位にあり、一方昨日まで侵略に対し抗戦してきたイギリス、フランス両国は戦争継続賛成、平和締結反対の陣営にある。こうして、各国の演じる役割は変化するのである」。

モロトフが投げ捨てるべき古い定式だとする第二は、「反ファシズム戦争」あるいは「ヒトラー主義打倒」の戦争というスローガンです。

「イギリスやフランスの支配者たちは最近、ヒトラー主義に対抗して諸国民の民主主義的権利の擁護者顔をし、さらにイギリス政府は、対ドイツ戦争の目的は『ヒトラー主義の打倒』以上でも以下でもないと、声明まで発表している。すなわちイギリス、フランス両国の主戦論者たちは旧時代の宗教戦争を思わせる『イデオロギー戦争』のようなことを宣言したほどである」。宗教戦争は、ヨーロッパを中世の迷信と文化的退廃の時代に引き戻すものだといった批判を加えたあと、モロトフは続けます。「いずれにせよ『イデオロギー』の旗のもとにいまやさらに大規模な、そしてヨーロッパおよび全世界の諸国民にとってさらに大きな危険をともなう戦争がはじめられているのである。……ヒトラー主義にせよその他どのようなイデオロギー体系にせよ、これを受け入れることもあるいは拒否することも各人の自由である。それは政治的見解の問題である。……『民主主義』のための戦いという言葉のかげに隠れて『ヒトラー主義打倒』といった戦争を続けることは無意義であるばかりか、罪悪でさえある」。

このヒトラー弁護論がモロトフ個人の責任によるものではなく、スターリンこそがその作成者であったことは、いうまでもありません。

スターリンは、ヒトラー・ドイツとの同盟を展開軸として、「社会主義」国家ソ連の対外政策を、その根幹にドイツ・ファシズムの擁護論をすえるところまで、ねじまげてしまったのでした。

（『前衛』二〇一三年七月号～一一月号）

不破哲三（ふわ　てつぞう）

1930年生まれ

主な著書　「スターリン秘史」（第１巻）「史的唯物論研究」「講座『家族・私有財産および国家の起源』入門」「自然の弁証法―エンゲルスの足跡をたどる」「エンゲルスと『資本論』」（上・下）「レーニンと『資本論』」（全７巻）「マルクスと『資本論』」（全３巻）「『資本論』全三部を読む」（全７巻）「古典研究　マルクス未来社会論」「古典研究　議会の多数を得ての革命」「古典への招待」（全３巻）「マルクス、エンゲルス　革命論研究」（上・下）「『資本論』はどのようにして形成されたか」「古典教室」（全３巻）「マルクスは生きている」（平凡社新書）「新・日本共産党綱領を読む」「報告集・日本共産党綱領」（党出版局）「党綱領の理論上の突破点について」（同前）「日本共産党史を語る」（上・下）「スターリンと大国主義」「日本共産党にたいする干渉と内通の記録」（上・下）「二十一世紀と『科学の目』」「ふたたび『科学の目』を語る」「アジア・アフリカ・ラテンアメリカ―いまこの世界をどう見るか」「21世紀の世界と社会主義」「『科学の目』講座・いま世界がおもしろい」「激動の世界はどこに向かうか―日中理論会談の報告」「歴史から学ぶ」「私の戦後六十年」（新潮社）「回想の山道」（山と渓谷社）「私の南アルプス」（同前）「宮本百合子と十二年」「小林多喜二―時代への挑戦」「同じ世代を生きて―水上勉・不破哲三往復書簡」「『科学の目』で見る日本と世界」「不破哲三　時代の証言」（中央公論新社）

スターリン秘史《ひし》――巨悪《きょあく》の成立《せいりつ》と展開《てんかい》

第２巻《だいにかん》　転換《てんかん》・ヒトラーとの同盟《どうめい》へ

2015年２月20日　初　版

著　者　不　破　哲　三

発行者　田　所　　稔

郵便番号　151-0051　東京都渋谷区千駄ヶ谷４-25-6

発　行　所　株式会社　新　日　本　出　版　社

電話　03（3423）8402（営業）

03（3423）9323（編集）

info@shinnihon-net.co.jp

www.shinnihon-net.co.jp

振替番号　00130-0-13681

印刷　光陽メディア　　製本　小泉製本

落丁・乱丁がありましたらおとりかえいたします。

ISBN978-4-406-05858-2　C0030　Printed in Japan